"어서 와! 고마워!"의

작은 실천이

당신과 주변의 모든 분들께

긍정적인 변화를

가져오기를 바랍니다.

-임선묵 드림-

리더를 만드는 말,
어서 와! 고마워!

리더를 만드는 말,
어서 와! 고마워!

초판 1쇄 발행일 2024년 8월 26일
초판 2쇄 발행일 2024년 9월 10일

지은이 임선묵
펴낸이 양옥매
디자인 송다희 표지혜
교 정 조준경
마케팅 송용호

펴낸곳 도서출판 책과나무
출판등록 제2012-000376
주소 서울특별시 마포구 방울내로 79 이노빌딩 302호
대표전화 02.372.1537 **팩스** 02.372.1538
이메일 booknamu2007@naver.com
홈페이지 www.booknamu.com
ISBN 979-11-6752-525-3 (03320)

리더를 만드는 말,
어서 와! 고마워!

임선묵 지음

LEADERSHIP

당장 오늘부터 적용할 수 있는 최고의 실전 리더십

책과나무

자신과 회사의 활로를 고민하는
대한민국 직장인에게

그날은 늦은 오후에 출근했다. 샤워를 마치고 잘 다려진 근무복을 입고 휘하 임원이 운전하는 차에 몸을 맡겼다. 차 안에는 무거운 침묵이 흘렀고, 간간이 자동차 엔진 소리만이 들려왔다. 차창 밖이 온통 회색으로 보였던 날, 마지막 출근길이었다. 2023년 12월 14일, 32년간 청춘과 정념을 쏟아부었던 HD현대중공업에서의 임원 퇴임식을 끝으로 나는 회사를 나왔다.

그날 저녁 회사 정문이 유난히 뿌옇게 흐려져 있었다. 나만은 예정되어 있던 퇴직을 담담히 받아들이리라고 생각했지만, 막상 퇴임식이 다가올수록 나는 깊은 상실감에 빠져 끝없이 침전하였다. 1992년, 홍안의 청년 시절 울산으로 내려와 첫 회사 생활을 시작했다. 해양구조설계부의 평사원으로 시작해서 부문장의 위치까지 올랐으니 나름 성공한 직장인이었다고 할 수도 있지만, 여전히 세차게 뛰는 심장만은 퇴직이라는 현실을 받아들이지 못하고 있었다.

다만 퇴임식에서 동료와 후배 사원들이 울음을 참으며 내게 전한 이야기가 오래도록 가슴에 남았다. "전무님의 '어서 와, 고마워'라는 말이 너무 고마웠고, 사무치게 그리울 것"이라는 그들의 말엔 진심이 묻어 있었다. 그래서 나 또한 그들에게 32년의 현장에서 퍼 올린 특별한 이야기를 감사의 선물로 전하고 싶어졌다. 또 한 명의 퇴직자가 쓴 무용담이 아니라, 위기의 현장에서 자신과 회사의 활로를 고민하는 수많은 대한민국 직장인에게 쓸모 있는 그 무엇을 주고자 했다.

아마도(!) 이 책을 펼친 독자는 '저자의 자격' 같은 것이 궁금할 것이다. 쉽게 설명하자면, 필자는 산소 호흡기로 간신히 연명하다 불사조처럼 찬란하게 부활한 HD현대중공업의 해양사업 부문의 책임자였다. 바닥에서 변곡점을 찍고 다시 세계 신재생에너지 사업의 맹주로 일어섰던 그 모든 행로에 필자와 동료의 발자국이 남아 있다. 국제 유가 상승과 팬데믹 등으로 국내 기업들이 해양 부문에서 철수하거나 구조조정에 착수했던 시점, 그야말로 '시퍼런 단두대에 목을 걸고' 직원들과 함께 성장하며 결국 해양 부문을 살렸던 사람의 '생존기'라고 해도 무방하다. 퇴임식에서 받은 감사패의 글귀엔 당시의 상황이 담겨 있었다.

"거친 파도 같았던 해양사업 여건 속에서 해양 부문을

항상 넉넉한 웃음과 여유로 이끌어 주심에 존경과 감사의
정을 담아 이 패를 드립니다. 부문장님의 리더십은 해양
을 넘어 신재생에너지까지 후배들과 영원히 함께할 것입
니다."

2023년 12월 14일 임직원 일동

이 책의 범주를 조직문화로 보는 사람도 있을 것이고, 회사의
비전과 가치 체계로 읽는 사람도 있을 것이다. 서점의 평대에
무수히 깔려 있는 또 한 권의 리더십 책이라고 치부될지도 모른
다. 그러나 이 책은 조금 다른 관점에서 기획되었다.

우선 시중에 나와 있는 대다수의 책들은 실리콘벨리를 중
심의 빅 테크(big tech) 기업의 조직혁신 사례에서 영감을 얻은
것들이 대부분이다. 구글(Google), 아마존(Amazon), 넷플릭스
(Netflix), 에어비앤비(Airbnb), 알리바바(Alibaba), 카카오톡과 같
은 모바일 플랫폼 기업의 특징이 고스란히 반영되었다.

그러나 세상 기업들이 모두 IT 플랫폼이나 인공지능 기반 기
업일 수는 없다. 지난 팬데믹에서 확인했듯, 여전히 산업의 핵
심은 물질을 채취해서 원료를 가공하고 생산하는 제조업을 기
반으로 한다. 메모리 칩 성능과 수율에 관한 이슈로 시장 점유
율을 내줘야 하는 반도체 업체도 염화수소가 없으면 반도체를

식각하지 못하고, 반도체 관련 모든 기업들을 줄 세우는 노광장비 기업인 ASML 역시 제조업체다. 탄소제로를 달성하기 위한 거대한 해상 풍력단지에 필요한 터빈 역시 규소강과 구리가 없다면 제조할 수 없다.

하나의 프로젝트 수주를 위해 수년을 투자하고, 해당 프로젝트를 완수하기 위해 다시 수년이 소요되는 제조, 건설기업에 필요한 기업 가치와 조직문화, 좋은 아이디어와 구성 완성도로 승부를 봐야 하는 마케팅 업종, 최소 7년 이상을 투자해도 성공을 가늠하기 어려운 신약 제조업종, 수만 개의 가맹점을 관리해야 하는 프랜차이즈 기업, 수율과 기술 혁신에 관한 이슈 하나에 회사의 주가가 요동치는 전자제품 기업, 해양·조선업 등 저마다 고유한 특성과 혁신 과제를 안고 있다.

이 모든 업종과 파트에 아마존식 회의와 넷플릭스식의 조직문화가 이로울 것으로 본다면 그것은 환상이다. 필자는 국내 기업의 조직문화에 바로 적용할 수 있는 사례와 원리를 주고 싶었다.

조직 문화와 리더십 이론서를 받아들일 때 또 하나 고려해야 할 점은 해당 서적이 누구를 대상으로 한 것인가라는 점이다. 많은 직장인들이 인지하지 못하고 있지만, 기업 혁신에 대한 책의 저자 대부분은 CEO로서 자전적 성격의 글이 대부분이다. 물론 이러한 책은 회사의 조직문화를 개변할 수 있는 역량과 위치에 있는 사람에겐 실행 지침서가 될 수 있다. 그렇지만 만약 당신이 임원이 아닌 차장이나 팀장, 연구파트의 파트장 정도의 권한을 가진 직급이라면 그 적용 범위는 제한된다. 이들에게 필요한 것은 거대한 조직 담론이 아닌, 직원의 이직을 막고 사고와 클레임을 방지하며 직접적인 성과를 낼 수 있는 유형의 시스템과 같은 것들이다.

다행히 필자는 현장의 말단에서 시작해 HD현대중공업의 한 사업 분야의 책임자로 일하며 다양한 경험을 할 수 있었다. 특히 재임 시절에 리더십 사내 강사로 활동하면서 현장에서의 체험을 이론화할 수 있었고, 이론을 정비해서 적용 가능한 솔루션으로 만들어 낼 수 있었다. 결국 수많은 이론적 지침과 현장의 요구를 선별하고 정제하는 과정에서 실천 가능하고, 성과로 연결되는 필자만의 리더십을 체계화할 수 있었다.

필자는 이 책을 현재 자기 조직의 변화와 혁신을 만들어야 할 리더가 실무에 바로 적용할 수 있는 단계별 리더십 실천서로 기획했다. 평사원에서 시작해 현대중공업 해양 부문의 지휘자로 거친 파고를 넘으며 세계 해양산업을 주도할 수 있었던 나만의 관점과 리더십의 원리를 담고자 했다.

책을 쓰는 것이 쉬운 일은 아니었다. 머릿속엔 선명한 내용이었지만, 막상 책으로 엮는 과정은 어려웠다. 특히 핵심만을 정연하게 서술하는 이른바 개조식(個條式) 서술에 익숙해진 필자에게 흡입력 있는 문장으로 이야기를 엮는 일은 무척이나 어려웠다. 일단 쓰고 나서 다시 보며 고쳐 쓰는 것 외엔 방법이 없었다. 힘을 다해 노력했지만, 독자의 눈에 쉽게 들어오지 않는 대목이 있을까 두렵다.

그럼에도 불구하고 이 책은 그럴듯한 이론과 정보를 버무려 일선의 직장인을 현혹하는 가짜가 아니라, 땀내 나는 현장에서 퍼 올린 날것의 진짜라고 자신 있게 말할 수 있다. 이 책으로 조직과 사람에 대한 시야가 확장되고 사유 방식을 혁신할 수 있다면 바랄 것이 없겠다. 기업 혁신은 적용하면 바로 성과를 도출하는 그런 방법론이라기보다, 사람(리더)의 사유 방식의 변화로부터 시작되기 때문이다.

2024년 3월
바람을 거슬러 달려드는 방어진의 파도 앞에서
임선묵 드림

대양을 넘어 누리호까지

이 책엔 필자가 현장에서 겪은 다양한 사례들이 담겨 있다. 독자들의 이해를 돕기 위해 생소한 업무와 용어에 대해선 각주를 달았지만, 책을 읽기 전에 먼저 필자가 현대중공업에서 입사하여 HD현대중공업의 부문장으로 퇴직하기까지 어떤 종류의 일을 하였는지 파악하는 것이 도움이 될 것이다.

필자는 1992년 7월 울산 현대중공업 해양설계실로 입사하여 근무를 시작했다. 해양산업은 바다 밑에 있는 원유와 가스(Oil & Gas)자원을 탐사 · 시추 · 개발 · 생산 · 운용하는 전 과정에 필요한 기술을 제공하거나 시설물을 제작하는 사업이다. 필자의 첫 보임은 해양구조설계부였다. 해양구조설계부는 해양구조물의 구조해석을 시작으로 각종 설계 업무를 담당하는 곳이다. 1995년 대리, 4년 뒤인 1999년 과장으로 승진하였다.

그리고 2년 뒤인 2001년, 직책과장으로서 팀의 리더가 되었다. 이때부터 필자는 리더의 역할을 맡았고 이 역할을 잘 해내기 위해 고심하고, 책을 통해 얻은 이론을 현장에 적용하기 위해 노력했다. 당시 직책과장은 차장과 부장급들이 대다수여서 과장 3년 차인 필자의 보임은 파격적인 인사였기에 더욱 큰 자부심을 느끼게 되었다.

자리가 사람을 만든다고 했던가. 팀을 이끌게 되자 업무에 대한 책임감이 배가되고 전문성은 더욱 견고해지면서 업무에 집중할 수 있는 시간이 놀라울 정도로 길어졌다. 야근은 당연했고, 늦은 밤 회사를 나서며 동료들과 소주 한잔하면서 서로를 격려하며 의기투합했던 나날이었다. 가끔 숙취로 고생하기도 했지만, 아침 해장엔 컵라면만 한 것이 없다고 느끼며 출근하는 것도 즐거웠던 시절이다.

이러한 노력의 결과였는지 2003년에 처음 도입한 '인재 발굴을 위한' 발탁 승진으로 정규 승진보다 1년이 빠른 차장으로 승진할 수 있었다. 일 욕심은 더욱 늘었고, 머릿속엔 과제들로 가득했다. 심지어 잠을 자면서도 꿈속에서 "유레카!"를 외치다 깨기도 했으니까.

2년 후인 2005년, 필자는 새로운 부문인 설치 부문으로 보임되어 10여 년간 익숙해진 업무를 뒤로하고 새 업무를 배워야 했다. 설치 부문은 해양사업의 시작인 설계와는 달리 마지막 과정인 제작된 구조물을 해상에서 설치하는 일이다. 새로운 업무를 익히는 것도 어려웠지만, 설치 업무의 조직원들과 융합하는 것은 새로운 긴장감을 가져다주었다. 물론 직급이나 직책으로 상급자 대우는 받았지만, 일은 직책으로 하는 것이 아니다. 설치 업무에는 경험이 없는 새내기였기에 업무에 적응하고 기술을 익히는 데는 적잖은 시간이 필요하였다.

이 시절 필자는 소통과 피드백의 중요성을 체감하며 배우게 되었다. 필자의 역할은 팀원들이 업무를 성공적으로 수행할 수 있도록 지원하고, 제때 필요한 자원을 제공하며, 유연한 소통을 통해 조직력을 끌어올리는 것이었다. 이러한 필자의 진정성이 통했는지 팀원들은 마음을 열었고, 새로운 업무에서도 조금씩 성과가 나오게 되었다. 2008년 부장대우가 되고 2010년 부장으로 승진하면서 새로운 설치 부문에서 약 5년 만에 부서장을 맡게 되었다. 지성이면 감천이라고, 이제는 조직원 누구도 필자를 설치 업무에 대해 신출내기로 취급하지 않았다.

이후 부서장으로서 여러 부서를 담당하고 또한 많은 공사를 지휘하게 되었다. 짧은 기간에도 필자가 새로운 구성원과 회사로부터 인정받게 된 요인은 '일'이었다. 설치 부문의 어려운 일은 필자와 팀원들이 나서서 도맡아 하려 했고, 필자가 참여하지도 않은 공사 하자에 따른 수천억 원대의 손해배상소송 역시 지휘하며 성공적으로 종결지었다.

이 기간 필자는 해양토건부, 공사현장소장, 육상설치부, 설치기술부, 설치공사운영부 등 설치부문의 모든 업무를 경험할 수 있었다. 다양한 업무 영역에 대한 전문성을 다질 수 있는 시기였으니 필자에게는 성장의 계절이었지만, 늘 새로운 과제에 몸을 던져 해결하는 것이 쉬운 일만은 아니었다. 실로 매 순간 폭풍 같은 변화와 도전의 순간이었으며 지금도 그 역동적인 순간들은 필자의 가슴을 방망이질한다.

설치 부문에서 부서장으로 6년을 보내고 2016년 임원으로 승진했다. 임원 승진은 필자에게도 놀라운 일이었다. 부서장 재직 시절 해양공사의 하자에 대한 손해배상으로 인하여 막대한 손실이 발생하고 있었고, 사업과 조직의 존립 자체가 의심스러운 상황이었다. 따라서 부서장인 필자도 승진은 엄두도 내지 못하고 사업의 수익성 개선에만 전념했다. 사업 손실에도 불구하고 공로를 인정받아 승진한 것은 그저 놀랍고 감사할 따름이었다.

임원으로 부임한 2016년은 국제 유가 하락과 국내 조선 3사의 과도한 경쟁으로 인해 해양산업이 무서운 속도로 몰락하고 있던 시기였다. 필자는 다시 원소속이었던 해양설계 부문으로 복귀했다. 이 당시 해양설계 부문은 많은 공사로 설계 업무가 지연되고 설계 품질에도 문제가 발생하고 있었다. 혹자는 회사에서도 필자를 어려운 일 해결사로 인정해 승진시킨 것 같다며 우스갯소리도 하였지만, 모든 직장인의 숙명은 하고 싶은 일이 아닌 해야 하는 일을 잘해야 한다는 것이다.

한때 제2의 조선업 부흥으로 회사의 전략사업으로 인정받았던 해양사업이 몰락한 시점에서 필자는 조직의 생존을 위해 가진 모든 것을 짜내야 했다. 우리의 생존 전략을 담은 비전을 창출하고, 그 비전을 조직원의 마음 깊은 곳에 단단히 심어야 효과를 볼 수 있다는 경험은 이 시절에 얻었다. 생존 전략으로 제시했던 필자의 비전은 다행히 전사적인 지지를 얻었고, HD현대중공업의 상징적인 사업으로 자리 잡았다. 친환경 재생에너지를 중심으로 한 새로운 해양산업과, 소형모듈형원자로 사업, 나로호와 누리호로 상징되는 한국형발사대 사업의 성공 등.

비록 업종이 달라도 현재 어려움에 처한 기업인과 직장인이라면, 이 책이 영감을 줄 수 있으리라고 믿는다. 이 책엔 조직과 사람의 갈등, 감당하기 어려운 하자, 그리고 기업의 추락과 부활과 같은 현실의 서사가 담겨 있다. 필자 또한 가장 어려운 곳에서 가장 선두에서 겪은 일을 추려 과장 없이 담백하게 공유하려 노력하였다.

목차

Part 1 어서 와 리더십

Chapter 1   언제든 환영하라

Chapter 2   실패의 보고에 더욱 고마워하라

Part 2 고마워 리더십

Part 1

어서 와
리더십

당장 오늘부터 적용할 수 있는
최고의 실전 리더십

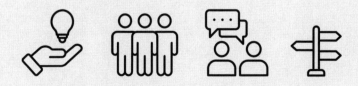

언제든
환영하라

직원들이 상사에게 보고한다는 것은 어떤 경우이든 엄청난 스트레스로 긴장이 될 수밖에 없다. 누구나 긴장을 하면 경직되고 심리적으로 두려움을 느끼게 된다. 이러한 두려움은 사람의 분석적인 사고 능력과 창의적 통찰력, 문제 해결 능력까지 저하시킨다. 특히 지위가 낮을수록 두려움을 많이 느낀다.

리더의 언어,
'어서 와'

자신이 생각하는 자기만의 강점과 직원이 평가하는 장점이 다른 경우가 있다. 평소 그리 대단치 않은 것이라고 생각했던 것을 직원들이 최대 장점이라고 추켜세우면 놀라움은 배가된다. 필자가 퇴임식에서 가장 많이 들었던 말은 "전무님의 '어서 와'라는 말 때문에 용기 내서 더 자주 찾아뵐 수 있었다."라는 것이었다.

내 방에 찾아오는 그 누구에게든 필자는 웃으며 "어서 와."라고 말하며 반겼다. 사람을 대하는 기술이라기보다는 정말로 고마웠기에 "어서 와, 이리 와서 앉아."라는 말을 습관처럼 할 수 있었다.

낮은 직급의 직원이 응당 보고해야 할 것을 보고하러 왔는데, 무엇이 그리 고맙냐고? 현장의 문제를 바로 보고하는 그들이야말로 임원에게는 최고의 조력자이기 때문이다.

임원에게 요구되는 가장 중요한 자질 중 하나가 제때 옳은 판단을 하는 것이다. 옳은 판단을 위해선 주관과 관행적 판단을 배제한, 현장의 정보(팩트)를 여과 없이 얻을 수 있어야 한다. 그들은 내가 일을 더 잘할 수 있도록 소중한 정보를 제공하는 조력자이며, 나는 정보를 얻는 수혜자라고 생각하면 이해 갈 것이다.

물론 임원직을 수행하면서 얻게 되는 정보는 다양하고 임원은 그 정보 가치를 재차 변별해야 한다. 매일 많은 정보를 얻기에 직원의 보고가 별것 아니라고 생각할 수 있다. 그러나 프로젝트 수행 과정에서 빚어지는 문제와 해법은 고정된 것이 아니다. 작은 단서에서 놀라운 창의적 해법이 도출될 수 있으므로, 팀원이나 팀 차원에서 해결하지 못하는 문제를 제때 파악하는 것은 무엇보다 중요하다.

내게 필요한 좋은 정보를 받으려면 정보 제공자인 구성원을 우선 친절하고 반갑게 맞아 주는 것은 당연한 일이었다. 그래서 늘 나를 찾아오는 구성원을 언제나 '어서 와'로 반겨 주었다.

직원들이 상사에게 보고한다는 것은 어떤 경우이든 엄청난 스트레스로 긴장이 될 수밖에 없다. 누구나 긴장을 하면 경직되고 심리적으로 두려움을 느끼게 된다. 이러한 두려움은 사람의 분석적인 사고 능력과 창의적 통찰력, 문제 해결 능력까지 저하시킨다. 특히 지위가 낮을수록 두려움과 압박감을 많이 느낀다. 사람들은 다른 사람과 자신의 상대적 지위를 무의식 속에서 끊임없이 비교하게 된다. 직원이 해야 할 말을 자연스럽게 하지 못하거나, 상사의 심기를 살피며 정보를 가공할 때 발생하는 문제는 다음과 같다.

첫째, 문제의 본질을 파악할 수 없게 한다. 발생한 문제는 현상이고, 이 현상을 일으키는 요인은 의외로 다양하다. 특히 많은 조직과 사람이 관여된 일일수록 서로에 대한 상호 의존성은 커지고, 부정적인 영향이 상승작용을 하여 발생하는 문제가 많다.

둘째, 즉각 보고해야 하는 엄중한 사안을 질책에 대한 두려움으로 직원 또는 팀 단위에서 자체적으로 해결하려고 하거나, 해법을 마련한 후 완벽한 보고를 하려다 골든타임을 놓칠 수 있다.

셋째, 큰 문제를 작은 문제로 축소하고, 창의적인 해법이 필요한 문제를 관성적으로 대처하게 한다. 상사의 반응에 두려움을 느끼면 직원은 문제를 금방 해결될 수 있다고 보고할 수 있다. 그러나 하나의 문제가 다음의 문제를 불러오고, 이 연쇄작용이 더 큰 문제를 불러오는 경우도 많다.

넷째, 이미 현장에서 충분히 해결할 수 있는 문제임에도 상사의 윽박지름에 문제가 확대되어 조직에 불필요한 긴장을 가한다. 보고를 하는 직원의 머릿속에 좋은 해법과 구상, 또는 다른 판단을 하고 있음에도 이를 듣지 못한 임원은 문제를 해결하자며 조직에 긴장을 걸고 불필요한 절차를 수행하도록 압박할 수 있다.

첫 번째 미션, 문턱 낮추기

필자도 직원 시절 간혹 임원들과 대면하는 자리가 있을 때면 압박감을 많이 느꼈다. 그래서 제대로 답변을 못 하고 임원실을 나오면서 후회했던 기억이 지금도 생생하다. '그때 이렇게 대답을 해야 했는데, 멍청하게 왜 말을 못 했을까?'라는 후회와 함께 진땀 흘렸던 잔상이 남아 이후에도 순간순간 부담으로 다가왔다. 그들이 나를 노려보거나 주눅 들게 하려 한 것도 아닌데, 직책의 엄청난 차이로 인해 스스로 압박감을 느꼈던 것이다.

그때마다 필자는 임원이 되면 첫 번째 미션으로 '문턱 낮추기'를 실천하기로 하였다. 실제로 부서장이나 팀장급이 아닌 직원들은 필자의 방에 들어오는 것 자체를 부담스러워했다. "불려간다"는 말이 있지 않은가. 조직에서의 상하 구분 없는 소통이 업무 효율성과 생산성에 큰 영향을 준다는 것을 머릿속으로는 알고 있지만, 오래되어 굳은 조직문화에선 임원에게 보고하는 과정 자체가 큰 스트레스를 줄 수 있다.

악마는 디테일에 숨어 있다

'악마는 디테일에 숨어 있다(The devil is in the detail).'라는 말이 있는데, 실은 '신은 디테일에 있다(God is in the detail).'라는 말의 변형이라고 한다. 위대한 건축과 작품의 완성도는 디테일에 달려 있고, 사업의 추락 역시 작고 사소해 보이는 요인 속에 숨어 있다는 말이다.

업무를 정확히 파악하고 개선 사항을 도출하기 위해서는 담당 직원에게 상세하게 들어야 한다. 필자는 부서장뿐만 아니라 많은 업무 담당자들을 불러서 문제를 파악하여 답을 찾곤 하였다. 업무 담당자 대부분이 낮은 지위의 직원이다 보니 무엇을 물어볼 때마다 긴장하며 말을 고르는 눈치가 역력했다.

그들이 긴장하지 않아야 안정감 있게 문제를 들여다볼 수 있고, 공동의 문제를 해결하기 위한 협력자로의 소통이 가능했다. 특히 일이 잘못되었을 때, 사안이 더 확대되기 전에 대처하는 것이 가장 중요하다. 실수나 낭패와 같은 보고를 자연스럽게 할 수 있도록 분위기를 조성하는 일이 중요한 이유다.

비언어적 메시지,
태도

기술적 진입장벽이 높지 않은 분야의 회사나 대기업이라면 자연스럽게 역량과 성과 중심의 경쟁 시스템이 구축된다. 그러나 중소기업의 경우 회사와 함께 성장하면서 내력을 속속들이 잘 아는 직원이 자연스럽게 간부의 역할을 맡게 되는 경우가 더 많다. 창업 시절부터 산전수전 겪으며 회사를 성장시킨 직원이 회사가 커지면서 자연스럽게 팀장·차장·부장과 같은 위치로 승진하기 마련이다.

그런데 간부 이전에 소위 '날아다녔던' 직원도 간부가 되면 역량을 발휘하지 못하는 경우가 있다. 일 인분 이상의 일을 잘 해내는 것과 다수 직원을 지휘하는 것은 성격이 전혀 다르기에 간부에게 요구되는 자질 또한 다르다. 간부의 역량, 즉 리더십을 체화하지 못한 리더는 주로 관행적 태도를 추구하기 마련이다.

이 지점에서 사내 갈등이 빚어지는 경우가 의외로 많다. 그러나 이 경우 경영진에겐 선택권이 별로 없는 것이 문제다. 해당 간부를 대체할 수 없기에 주로 아랫사람이 회사에 고충을 토로하며 이직하기 마련이다. 해당 간부에게 아랫사람을 대하는 태도를 고치라고 언질을 주어도 사람의 변화는 그리 간단한 것이 아니다.

이러한 해당 간부의 태도로 인해 직원들은 회사의 가치관에 실망하고, 회사를 자기 비전을 실현할 수 없는 곳으로 판단한다. 이런 일은 주로 고연봉의 연구개발 업종에서 비교적 빈번하게 일어난다. 소프트웨어나 모바일 게임, 플랫폼 개발, 광고 업종 등에서 특정 부서의 대규모 이직으로, 몇 년 후 경쟁사에 밀리는 사례 또한 많다.

문제는 상사의 감정적 태도와 부정적 관계 설정에 있다!

과거에는 상사의 고압적인 태도와 상명하복의 관료적 지휘 스타일로 발생하는 문제가 많았다면, 최근에는 상사의 감정적 태도와 부정적 관계 설정이 문제가 되는 경우가 많다. 비교적 실수가 잦고 지시를 정확히 알아듣지 못하는 직원이 있다면, 시간이 흐르면서 해당 직원에 대한 상사의 태도는 부정적으로 굳어지는 경우가 있다.

이 때문에 비교적 경미한 사안에도 짜증을 내거나, 보고를 하러 들어온 직원의 말을 오래 듣고 싶지 않다는 듯한 태도를 은연중에 드러내고 만다. 한 번 부정적으로 형성된 관계는 특별한 일이 없는 이상 더욱 부정적으로 발전하기 마련이다. 나중에는 업무에 대한 지적이 직원 자체의 기질과 특성에 대한 비난으로 이어질 수 있다.

필자 역시 이러한 경험을 한 적 있다. 과거 필자의 상사 중 한 명은 보고하러 갈 때마다 늘 못마땅한 표정으로 "왜?" 또는 "뭐야?"라며 퉁명스럽게 내뱉었다. 그 상사를 대하는 것 자체가 부담스럽고 불쾌하기까지도 했기에, 가능한 한 보고를 하지 않는 것이 최상이라고까지 생각하게 되었다. 특히 문제가 생겼을 때 즉시 보고를 해야 하는데, 심한 질책이 두렵다 보니 대책을 포함한 상세한 보고서를 준비하느라 골든타임을 놓칠 뻔한 아찔한 상황을 겪기도 했다.

그 상사 밑에서 일하면서 다짐한 것이 있다. '나는 절대로 이런 상사의 전철을 밟지 말아야지!' 무슨 일이든 제일 먼저 찾는 상사가 되겠다는 다짐을 했고, 그 표현의 시작이 바로 '어서 와'이다.

리더를 만드는 말, 어서 와! 고마워!

직원들의 보고 태도를 바꾼 한마디, '어서 와'

필자는 해양구조설계 분야에서 평사원으로 시작해 설치 부문을 거쳐 임원으로까지 성장할 수 있었다. 임원이 되어 맡은 첫 업무는 내게는 친정과도 같은 설계 부문의 책임자였다. 11년이라는 공백이 있었기에 부담이 없을 수 없었다. 공백을 메우기 위해 업무 파악에 전념하고 있을 때였다. 누군가 방문 앞에 있는 것 같은 인기척을 느꼈다. 자연스레 문을 바라보니 낯익은 직원이 서 있었다. 그는 문에서 1미터쯤 떨어져 눈치를 보며 머뭇거렸다. 머리를 긁적이며 직원이 말했다.

"오신 첫날이라서 바쁘실 텐데 급하게 보고드릴 것이 있어서 왔습니다."

그 말을 듣자마자 필자는 웃으며 반겼다.

"전~혀, 안 바쁜데? 어서 와!"

보고 내용은 엄중한 것이었다. 설계도면의 오류로 인해 현장에서 구조물의 제작이 중단되었다는 것이다. 부임 첫날이지만 책임 있는 해결책을 도출해야 했다. 다각도로 질문을 던졌고, 혹시나 긴장해서 답변을 어렵게 생각할까 봐 최대한 가벼운 질문으로 시작해서 편안하게 토론을 이어 갔다.

그러자 차근차근 나의 질문에 설명을 해 주던 직원이 어느 시점에 도달하자 본인 스스로 해결책까지 제시하는 것이 아닌가? 결과적으로 시급했던 일도 합당하게 처리되었고, 해당 직원 역시 새로 부임한 상사와의 첫 대면을 성공적으로 하게 되었다.

그로부터 며칠 후, 직원들과의 인사 명목으로 첫 회식을 가지게 되었고 그 직원도 참석하였다. 필자의 인사가 끝나자, 직원들은 돌아가며 자기소개와 건배사를 했다(이 대목에서 일부 독자들은 전형적인 '옛날 문화'라고 질색할지도 모르겠다. 어쩌겠는가. 당시 대기업의 회식 문화가 그랬다). 술기운이 적당히 올라와 분위기가 화기애애해졌을 때 그 직원이 불쑥 얼굴을 내밀며 내게 말했다.

"상무님, 제가 모신 상사분 중에 '어서 와'라고 친근하게 맞아 주신 분은 상무님이 처음이었습니다. 새로 오신 상무님께 어려운 보고를 드리게 되어 두려움이 앞섰는데, 막상 격의 없이 맞아 주셔서 제가 보고를 잘 마칠 수 있었습니다. 정말로 감동적이었고 감사했습니다."

그 자리에서 나의 '어서 와' 이야기는 자연스럽게 소문이 났고, 소문을 들은 직원들은 기존과는 다른 적극적인 태도로 보고하기 시작했다. 덕분에 새로운 업무를 파악하고 추진하는 데 요긴한 정보를 빠르고 쉽게 얻을 수 있었다.

심리적으로 편안함을 느낄 수 있는 조직문화

하버드 경영대학원 종신교수인 에이미 에드먼슨의 저서 『두
려움 없는 조직』에 이런 내용이 있다.

> "실수를 하거나 질문을 할 때, 소수 의견을 냈을 때도 구
> 성원이 심리적으로 편안함을 느낄 수 있는 문화가 정착되
> 어야만 조직이 성장할 수 있다."[1]

'어서 와'라는 친근한 말 한마디가 에이미 에드먼슨 교수가 주
장하는 쉽게 다가갈 수 있는 리더십의 실천이라고 한다면 과장
이라고 생각하는 분도 있을 것이다. 그러나 직원과의 첫 대면의
순간 반가운 목청으로 "어서 와!"라며 반겨 주는 것은 이후 대면
의 태도에도 긍정적인 영향을 준다.

때로 매력적인 상사조차도 그날 기분에 따라 직원을 대하는

---

1   에이미 애드먼스, 2019. 두려움 없는 조직. 최윤영 역. 다산북스. p.14.

태도가 급변하는 경우가 있는데, 아랫사람을 대할 때만큼은 일관되어야 한다. 노트북이나 서류에 얼굴을 파묻은 채 성가시다는 말투로 "어, 뭐?"라고 묻는 상사와 대비해 보라. 당신이 직원이라면 어떤 상사에게 더 상세하고 적극적으로 보고할 것인가?

언제든 반겨 주는 여유

팀원이 바라는 팀장의 모습은?

필자가 리더십 사내강사로 활동할 때 팀원이 바라는 팀장에 대한 설문을 실시한 적이 있다. 그중 가장 많은 답변을 요약하면 다음과 같다.

팀장 본인의 업무 비율이 팀 전체 업무의 50%를 넘어서는 안 된다고 생각한다. 팀장이라면 개인적인 업무보다는 팀원에 대한 피드백 및 코칭을 통해 팀원들의 역량을 향상하고, 팀원을 육성하는 등 미래를 대비하는 데 시간을 활용해야 한다고 생각한다.[2]

---

2   현대중공업 인재교육원. 리더십 사내강사 양성과정 자료.

과거에 필자와 함께 근무했던 팀장 두 명의 사례가 있다. A 팀장은 업무 능력도 좋고 늘 솔선수범하는 타입이라서 팀원들과 업무를 나누어서 직접 수행하였고, B 팀장은 팀원들에게 다소 업무 부담이 되지만 모든 실업무는 팀원들에게 일임하여 업무를 진행하였다.

여러분은 두 팀장 중 누가 팀원에게 더 신뢰받고 인정을 받았다고 생각하는가? 결론부터 말하자면 B 팀장이 더 좋은 리더로 평가받고 있다. 이 결과는 팀별 회의에서 필자가 직접 목격하여 결론을 얻을 수 있었다.

더 많은 업무를 나눠 하던 팀장의 최후

A 팀의 경우, 팀장이 업무를 나누어서 진행하였고 팀원보다 상대적으로 업무 능력이 좋은 팀장은 당연히 더 많은 업무를 처리하게 되었다. 그러다 보니 팀장은 늘 정신없이 바쁜 상태였다. 팀장이 늘 바쁘다 보니 팀원들이 궁금한 사항을 묻거나 도움을 요청할 수 없었다. 그도 그럴 것이 팀원들이 보기에 팀장에게 업무가 몰려 있는데, 하찮은 것으로 시간을 뺏는 것 같아서 가능한 한 팀장에게 질문하지 않고 자의적으로 업무를 처리

해 나갔다.

그러나 더 큰 문제는 A 팀의 업무회의에서 발견되었다. A 팀장은 팀원들의 업무 성과를 평가하는 과정에서 놀랍게도 대부분 팀원에게 질책과 불평을 쏟아 내고 있었다. "나는 팀장 역할도 하면서 여러분보다 더 많은 실업무를 그것도 가장 어려운 일을 직접 하고 있는데, 여러분은 고작 이런 일 하나 제대로 처리를 못 합니까?"라고.

그렇다면 회의 후 팀원들은 팀장의 질책대로 업무 처리가 좋아졌을까? 불행하게도 A 팀장은 점점 더 많은 업무를 직접 처리하게 되고, 팀원들에게는 늘 질책과 호통이 이어졌다. A 팀장은 계속 팀장 역할을 해 나갈 수 있었을까? 그 답은 여러분 판단에 맡기고 싶다.

팀원을 수시로 점검하고 지원하는 팀장

반면 B 팀은 어떠했을까? B 팀장은 대부분의 업무를 팀원에게 일임하고 수시로 팀원들의 업무 처리 과정을 살펴봐 주었다. 업무 처리 방향이 맞는지 혹은 도움이 필요한 사항은 없는지 수시로 점검하고 지원할 수 있었다.

B 팀의 업무 점검 회의는 어떠했을까? A 팀과 달리 B 팀은 수시로 점검을 통해 공유해 왔으므로 회의에서는 문제가 되는 사항만 협의하고 앞으로 할 일에 대하여 공유하는 형태로 간결하고 편안한 모습으로 진행되었다.

동반 성장할 수 있는 리더

1990년대 한국 경제의 양적 성장기에는 "돌격, 앞으로!"와 "나를 따라 앞으로!"라는 리더십이 비교되곤 했다. '돌격, 앞으로!' 리더십이 지시만 하고 뒷짐 지는 관료형 리더를 상징한다면, '나를 따라 앞으로!' 리더십은 가장 어려운 업무를 일선에서 척척 해내는 실무형 리더를 상징했다. 팀장이라면 늘 새롭고 어려운 과제를 도맡아 진두에서 지휘하며 통솔하는 것이 진정한 리더십으로 표현되곤 했다. 이러한 리더십은 단기 성과에 집착하는 조직에서 각광받을 수 있는지도 모르겠다. 어쨌든, 결과로서의 성과가 보장되니까.

그러나 현대의 모든 기업의 화두는 '지속 가능한 혁신'이다. 팀원 모두 업무를 통해 성장하고 혁신하는 조직에 미래가 있는 법이다. 팀장 개인의 업무 역량이 발전하는 것에 비해 팀원이 성장하지 못하고 있다면 업무 과정이 실무적이며 코칭이 되지 않고 있는 것이다.

우리는 두 팀의 사례를 통해서 중요한 사실을 파악할 수 있다. 팀원, 즉 구성원은 자기 일을 대신해 주는 팀장을 원하는 것이 아닌 자신이 필요한 사항을 언제든 들어주고 해결책을 제시해 주는 팀장을 원한다는 것이다. 동반 성장할 수 있는 리더를 원하는 것이다. 이것을 팀장의 관점에서 보자면, 자신의 업무 시간 상당수를 자기 업무를 처리하는 데 사용하는지, 팀원과 조직의 성장을 위해 쏟는지에 대한 문제로 볼 수 있다.

여유를 만드는
시간 관리

리더는 시간을 기획하고 조직해야 한다

팀원을 돕는 팀장이 되기 위해선 여유가 있어야 한다. 이 책을 읽는 많은 팀장급의 독자들은 "회사가 내게 여유를 주었다면, 나 역시 좋은 리더가 되었을 것이다."라고 항변할지 모른다. 그런데 이 여유를 만든다는 것은 일을 줄인다는 개념과는 조금 다르다. 팀장급이 되면 자신의 여유를 '기획하고 조직'할 수 있어야 한다.

하루 24시간은 모든 사람에게 공평하게 주어진다. 모든 조직원에게 같은 근무시간이 주어진다는 말이기도 하다. 그러나 조사 결과에 따르면, 직장인들은 대부분 많은 시간을 엉뚱한 데 쓰고 있으므로 일에 집중하는 시간은 몇 시간 되지 않는다고 한다. 이 말은 일을 관리하는 것보다 시간을 관리하는 것이 더 중

요하다는 것을 의미하기도 한다.**3**

시간 관리란, 모두에게 똑같이 주어진 시간을 극대화하여 유용하게 사용하는 것을 말한다. 리더는 자신의 시간뿐만 아니라 팀 전체의 시간도 관리해야 한다. 필자가 생각하는 리더와 팀 전체의 시간을 효율적으로 관리하기 위해 중요한 사항 몇 가지를 소개한다.

중요한 일에 더 많은 시간 투자하기

첫째, 중요한 일에 더 많은 시간을 투자하라. 시간 관리 이론에서 가장 중요한 원칙 중 하나다. 당장 처리해야 할 일에 매몰되어 중요한 일이 지연되거나 소홀해지지 않도록, 아무리 시간이 오래 걸려도 중요한 일에 먼저 집중해야 한다.

즉, 장기적이고 전략적인 과제부터 생각해야 한다는 것이다. 여기서 필자는 한 가지를 강조하고 싶다. 중요한 일에는 팀원들과의 소통 시간 역시 포함된다. 회의나 면담 등 형태는 중요하지 않다. 다만 소통과 코칭 형태의 시간을 반드시 할애하면 좋

---

3   송영수, 2014. 리더가 답이다. 크레듀하우. p.134.

을 것이다.

혼자만의 고민하는 시간 갖기

둘째, 나만의 시간을 가져라. 조직에 중요한 장기적인 계획이나 팀을 이끌어 나가는 방향 등 혼자서 고민하는 시간이 필요하다. 가능한 하루에 정기적인 시간을 정해 놓는 것이 좋다. 필자는 매일 출근 직후 30분 정도를 본인의 시간으로 활용하였다.

팀원들과 상세 일정 공유하기

셋째, 상세 일정을 팀원들과 공유하라. 팀원들도 이에 따라 시간을 계획할 수 있도록 해 줘야 한다. 정기적인 회의나 보고 시간은 물론 나만의 시간과 팀원들과 소통하는 시간 등을 상세히 공유하는 것이 필요하다.

필자는 모든 일정, 즉 근무시간의 회의와 주요 업무 일정은 물론 추가로 오찬과 만찬 등 팀 빌딩 시간까지 상세히 작성하여 팀 전체에 공유하여 필자의 공식 일정이 없는 시간은 언제든 팀원들을 맞이하는 시간으로 할애하였다.

낭비하는 시간 없애기

넷째, 낭비하는 시간을 없애라. 필자의 경우 아침 회의나 보고, 결재 시간을 줄이기 위해 스탠딩 미팅이나 스탠딩 보고를 자주 활용하였다. 서서 하는 회의나 보고는 당연히 짧아질 수밖에 없고 자연스럽게 핵심 위주로 진행되어 매우 효율적이었다.

그러나 중요한 의사결정이나 정기적인 주요 회의 시에는 사용하지 않는 것이 좋다. 세부 사항을 점검하고 의견을 수렴해서 결정해야 하는 회의에는 참석자들에게 조급함을 줄 수 있으므로 지양하는 것을 권한다.

자투리 시간 활용하기

다섯째, 자투리 시간을 활용하라. 필자의 경우 팀원들과 잦은 소통을 위해 수시로 간담회 형태로 면담을 진행하였는데, 주로 오찬 시간을 많이 활용하였다. 근무시간도 지키고 팀원들이 원하는 특별식으로 점심을 제공하며 편안한 주제로 진행해 은근 기다리는 팀들까지 생겨 필자의 직장 생활에 큰 활력을 주었다.

특히 MZ세대[4]와의 소통에 많은 도움이 되었다. 점심 메뉴 선택권을 그들에게 주어 익숙한 음식에서 벗어나 새로운 음식을 경험하는 또 하나의 즐거움을 얻을 수 있었다. 자투리 시간은 예고 없이 빈번하게 생긴다. 수시로 점검하여 활용하는 습관을 들이는 것이 중요하다.

---

4 밀레니얼 세대와 Z세대를 합친 용어로, 1980년대 초반부터 2010년대 초반까지 태어난 사람들을 의미한다.

리더를 만드는 말, 어서 와! 고마워!

Chapter 2

실패의 보고에
더욱 고마워하라

결과는 물론 과정에서의 노력을 인정하고 감사를 표현하는 것은 매우 중요하다. 이는 구성원이 자신의 노력을 가치 있게 느끼게 하여 동기를 부여하고 팀의 사기를 높인다. 성공뿐만 아니라 실패에서도 노력을 인정하고 고마워하는 것은 구성원이 위험을 감수하고 혁신적인 시도를 할 수 있는 안전한 분위기를 조성한다. 이런 환경에서 구성원들은 실패를 경험으로 삼아 성장할 수 있으며, 장기적으로 팀의 성공에 크게 이바지할 수 있게 된다.

모든 보고에
고마워하라

팀원들이 보다 적극적으로 참여하고 열정적으로 일하기를 원한다면 모든 보고에 그들의 노력을 인정하고 감사하는 마음을 담아 "고마워."란 말로 표현한 후 피드백을 시작하라!

보고의 종류와 특징

조직 생활에서 '보고'는 조직의 의사결정 과정을 지원하고, 정보의 흐름을 유지하는 역할을 한다. 보고는 그 내용과 형식에 따라 크게 다음과 같이 분류할 수 있다.

■ 상태 보고
프로젝트나 작업의 현재 상태에 대해 주기적으로 업데이트를 제공하는 것으로, 이는 리더가 프로젝트 진행 상황을 파악하고 필요한 조치를 취할 수 있게 해 준다.

■ 성과 보고

개인이나 팀의 성과를 요약하여 리더에게 보고한다. 이를 통해 리더는 성과 관리, 리소스 할당, 인센티브 제공 등의 결정을 내릴 수 있다.

■ 문제(현황과 방안) 보고

특정 문제나 도전 과제가 발생했을 때 문제를 해결하는 방안을 모색하고 보고하는 과정이다. 문제를 신속하게 해결하여 업무의 효율성을 유지하는 데 도움을 준다.

■ 긴급 보고

예기치 못한 문제나 위기 상황이 발생했을 때 즉시 리더에게 정보를 전달하고 적절한 대응을 요청하는 보고이다.

■ 의견 및 피드백 요청

특정 정책이나 절차 또는 작업에 대한 피드백을 요청하거나 구성원의 의견을 리더에게 전달하는 형태로도 커뮤니케이션이 이루어진다.

■ 전략적 제안 보고

새로운 기회나 아이디어를 제안하며 그것이 조직에 어떤 긍정적인 영향을 줄 수 있는지를 설명하는 보고다. 리더가 전략적 결정을 내릴 때 중요한 참고 자료가 될 수 있다.

업무 보고에 '고마워' 피드백이 필요한 이유

이외에도 일대일 미팅, 비공식적 대화, 워크숍 및 세미나 참여 등에서의 다양한 형태의 커뮤니케이션에서도 보고는 이루어진다. 이렇게 제공된 정보는 리더가 현명한 결정을 내릴 수 있게 한다. 또한 보고는 조직의 계획 과정을 지원하며, 이미 시행된 계획의 효과를 평가하고 미래의 행동 방향을 설정·개선할 수 있도록 한다.

결국 리더의 좋은 결정에는 좋은 정보를 담은 보고가 필수적인 것이다. 그렇기에 좋은 리더는 양질의 보고를 제때 받을 수 있도록 직원을 독려한다. 직원들이 제공하는 정보는 구성원이 노력한 결과이며, 이를 전달받는 리더는 정보의 수혜자가 된다. 리더가 그들의 노력을 인정하고 감사를 표현하는 것은 이런 상호 관계에서 보자면 응당한 것이다.

역지사지하면 이렇다. 자신이 노력한 결과를 내놓은 구성원으로서는 어떤 말을 듣고 싶어 할까? 자신의 노력을 인정받고 싶을 것이다. 칭찬을 들으면 최고이겠지만 최소한 "수고했어!"라는 말을 들었을 때 보답받았다고 느끼지 않을까? 단순하지만 일상적인 고마움의 표현은 구성원의 효능감을 높이게 하고 동기를 부여한다. 팀 전체의 사기까지 높이게 되는 것이다.

필자는 직원들의 업무 보고에서 '고마워' 피드백을 늘 활용하였으며, 특히 수정이 많이 필요한 경우에 그 위력이 배가되는 것을 확인하곤 했다.

직원의 자발성과 주체성을 드높이는 소통 기술

업무 조건이 대내외적으로 급변하는 상황에서 과업을 추진하다 보면 변경은 불가피하다. 필자 역시 업무 내용을 보고받으면서 변화된 조건을 반영하기 위해 많은 수정 사항을 지시하곤 했다. 사람마다 다양한 성격 유형을 가지고 있듯이 변화에 대한 인식에도 개인차가 존재한다.

작은 단서도 예민하게 반응하는 직원이 있는 반면, 특정 지점에 대해 상사가 여러 번 강조해야지만 맥락을 이해하는 직원도 있다. 이런 이유로 내용 공유를 위한 노력에도 불구하고 결과는 기대에 미치지 못하는 경우가 생기곤 한다. 기대에 못 미치는 보고를 받았을 때 상사의 첫 반응은 무척 중요하다. 필자의 경우 이렇게 운을 떼곤 했다.

"전체적으로 잘 준비했네. 수고가 많았지? 그런데 이 부분을 나는 다르게 기대를 했었는데…."

이렇게 직원의 노력에 먼저 고마움을 표현한 후, 수정이 필요한 부분에 대해서는 필자의 의견을 다시 한 번 제시하였다. 이 과정에서 본인의 생각과 필자의 의견 중 어떤 게 나을지를 직원 스스로 결정하도록 제안하였다.

대부분의 경우 직원들은 상사인 필자가 제안한 방법을 받아들였고, 그에 따라 어떻게 수정할 것인지는 스스로 제시하였다. 즉, 본인이 수행한 업무가 잘못되어 수정하는 것이 아니라 함께 검토하여 더 좋은 내용으로 업그레이드하는 것으로 받아들이는 것이다.

앞서 필자는 직원의 업무 의욕을 저해하는 가장 큰 요인 중 하나가 본인의 업무 결과가 성과로 이어지지 않고 반복적으로 수정되는 것이라고 했다. 상사가 직설적으로 잘못을 지적하고 이렇게 수정하라고 지시하는 것과, 의견을 제시하고 직원 스스로 방안을 내놓도록 하는 것은 결과만을 보자면 큰 차이가 없을 것으로 생각할 수도 있다.

그러나 시간이 지날수록 그 차이는 뚜렷해진다. 전자가 작업 과정에서의 빈번한 수정을 기계적인 반복 작업으로 만들어 직원의 의욕과 창의력을 저해하고 상사와의 전면적인 소통을 방해한다면, 후자의 경우 상사와의 소통 과정은 더 좋은 결과를 만들기 위한 기분 좋은 협력의 과정이 된다. 직원의 자발성과 주체성을 드높이는 소통 기술은 업무 성과를 높이는 리더의 중요한 자질이다.

결과도 과정도
인정하라

구성원들이 위험을 감수하고 혁신적인 시도를 할 수 있는 안전한 환경을 만들고 싶다면 성공뿐만 아니라 실패에서도 노력을 인정하라!

피드백을 통해 지속 성장하는 조직

결과는 물론 과정에서의 노력을 인정하고 감사를 표현하는 것은 매우 중요하다. 이는 구성원이 자신의 노력을 가치 있게 느끼게 하여 동기를 부여하고 팀의 사기를 높인다. 성공뿐만 아니라 실패에서도 노력을 인정하고 고마워하는 것은 구성원이 위험을 감수하고 혁신적인 시도를 할 수 있는 안전한 분위기를 조성한다. 이런 환경에서 구성원들은 실패를 경험으로 삼아 성장할 수 있으며, 장기적으로 팀의 성공에 크게 이바지할 수 있게 된다.

실제로 현업에서도 완성도가 높은 좋은 성과는 업무의 과정이 쌓여서 이루어지기에 최근 기업들은 업무 과정에 대한 디테일한 관리를 하고 있다. 업무 과정을 관리한다는 것은 구성원들의 업무 과정 하나하나의 노력에 감사하고 피드백을 통하여 지속 발전시키는 것을 의미한다. 리더가 일방적으로 지침을 주는 것이 아니라, 상호 의견 공유를 통하여 리더와 구성원의 시너지를 만들어 조직의 성과를 극대화하는 것이다.

조하리의 창 이론

업무 과정을 인정하는 과정 관리를 통해서 조직의 시너지를 만들어 내는 것은 조하리의 창(Johari's Window) 이론으로도 설명될 수 있다. 조셉 러프트(Joseph Luft)와 해리 잉햄(Harry Ingham)이라는 미국의 두 심리학자가 1955년에 발표한 논문으로 '조하리(Johari)'는 두 사람의 이름의 앞부분을 합성한 용어다. 1969년에 조셉 러프트가 쓴 『인간의 상호작용에 대하여(Of Human Interaction)』에 보다 자세한 내용이 나온다. 조하리의 창은 크게 4가지로 이뤄진다.

① 자신도 알고 타인도 아는 '열린 창'

② 자신은 알지만, 타인은 모르는 '숨겨진 창'

③ 나는 모르지만, 타인은 아는 '보이지 않는 창'

④ 나도 모르고 타인도 모르는 '미지의 창'

이 4가지 영역의 넓이는 계속 변화한다. 나와 상대가 마음을 열고 소통하면 숨겨진 영역은 줄어드는 동시에 열린 공간은 늘어 간다. 그만큼 상대와 공유하는 부분이 많아진다는 것이다.

따라서 팀원이 노력한 과정을 인정하고 고마워하면 팀원은 마음을 열게 되고, 팀원의 의견과 나의 의견이 합해져서 공유되는 영역을 극대화하여 더 나은 결과를 만들어 낼 수 있게 된다. 두 사람의 마음과 능력이 합해져서 조직의 성과가 달성되고 성장하게 되는 것이다.

	자신이 아는 부분 (Known to Self)	자신이 모르는 부분 (Unknown to Self)
타인이 아는 부분 (Known to Others)	열린 창 (Open Area)	보이지 않는 창 (Blind Area)
타인이 모르는 부분 (Unknown to Others)	숨겨진 창 (Hidden Area)	미지의 창 (Unknown Area)

실패는 인정하는 것이 아닌
허락되어야 하는 것

실패를 긍정적인 학습 경험으로 전환하고 이를 통해 개인과 조직 전체가 발전할 수 있는 기반을 마련하고 싶다면 실패를 '허락'하라!

실패를 허락하는 문화가 중요한 이유

"실패가 허락되어야 한다."는 표현은 조직문화에서 실패에 대한 건강한 접근 방식을 촉진하기 위해서다. 이런 접근 방식은 창의성, 혁신, 그리고 지속적인 개선을 장려하는 데 중요한 역할을 한다. 실패를 허락하는 문화가 중요한 이유는 다음과 같다.

■ 혁신 촉진

실패를 허용하는 문화는 사람들이 더 큰 위험을 감수하고 새로운 아이디어를 시도하게 만든다. 이러한 환경에서 구성원들은 실패를 실패로 끝내지 않고, 학습하고 성장하는 기회로 삼을 수 있게 된다.

■ 학습과 성장

실패를 경험할 수 있는 여지가 있을 때, 개인과 조직은 그 경험을 통해 무엇이 잘못되었는지, 어떻게 개선할 수 있는지를 배울 수 있어 장기적으로 더욱 효과적인 전략과 프로세스를 개발하는 데 도움이 된다.

■ 두려움 감소

실패가 허용될 때, 구성원들은 실패에 대한 두려움을 줄이고, 더욱 자유롭게 자신의 의견을 표현하며 창의적으로 문제를 해결할 수 있다.

■ 신뢰 구축

리더들이 실패를 허용하고 이를 통해 학습하고 개선할 기회로 취급할 때, 직원들은 리더와 조직에 대한 신뢰를 더욱 깊게 갖게 되며 이는 전체적인 직원의 만족도와 헌신도를 높이는 결과를 가져올 수 있다.

■ 유연성과 적응성

시행착오를 통해 얻은 교훈은 조직이 변화하는 시장 환경에 빠르게 적응하고, 유연하게 대응하는 데 도움을 준다.

실패하면 박수를! 미래를 선도하는 구글X의 문화

실패를 허용하는 기업문화를 만든 대표적인 기업은 미국 실리콘밸리의 '구글X'이다. 구글X의 대표인 아스트로 텔러는 "실패해도 박수 쳐 주고 창조적 파괴자를 키우라."고 한다.

**"우리 팀은 프로젝트에 실패하면 오히려 박수를 받는다.
질책이 아니라 보상이 주어진다."**

'자율주행차'나 '구글글래스'와 같은 혁신적인 제품을 선보여 세상을 깜짝 놀라게 한 구글X의 아스트로 텔러 대표의 조언이다.

텔러 대표는 매일경제와의 인터뷰에서 한국이 4차 산업혁명을 선도하기 위해서는 무엇보다 실패를 두려워하지 말고 조직과 사회 내에서도 실패에 관대해질 것을 강하게 주문했다. 한국이 4차 산업혁명 시대에 '빠른 추격자(패스트폴로어)'가 아닌 '창조적 파괴자'가 되기 위해선 세상을 뒤흔들 만한 시도를 격려하고 실패해도 된다는 경제적·사회적 분위기를 만들어야 한다는 것이다.[1]

텔러 대표는 "세상을 바꾸는 담대한 아이디어가 나오는 것을 독려하고, 실패하더라도 오히려 보상을 해야 한다. 직원들이 말도 안 되는 아이디어를 거침없이 쏟아 낼 수 있도록 실패도 제도화해야 한다."고 말했다.

실패를 허락하는 문화는 리더인 팀장이 만드는 것이다

도전과 실패를 허락하는 분위기를 형성하고 제도화해야 한다는 말은 일견 멀게만 느껴질 수 있다. 팀이나 작은 조직을 이끄는 많은 일선의 리더들에게는 버겁게만 여겨질 수 있다. '일개 팀장이 무슨 수로 기업의 제도를 만들고 사회적 분위기를 조성하나? 꿈같은 이야기네.'라는 푸념으로 지나칠 수 있다.

한 가지 흥미로운 조사를 보자. 유능한 직장인이 퇴사하는 가

---

1 매일경제. 2017. 07. 03. 아스트로 텔러 구글X 대표 "실패해도 박수 쳐 주고 창조적 파괴자 키우라". https://www.mk.co.kr/news/economy/7885785.

장 큰 이유가 조직 내 부적응, 특히 상사와의 갈등으로 파악됐다. 그 직원들은 회사를 떠난다기보다는 상사인 리더를 떠나는 것이다. 이는 직원들은 회사로 인식되는 CEO나 기업의 정책보다 직속 상사인 팀장으로부터 더 큰 영향을 받는다는 것을 의미한다.

따라서 직원들에게 가장 큰 영향력은 미치는 직속 상사인 팀장들이 팀원들에게 도전과 실패를 허락하는 분위기를 만들어가는 것이 가장 중요하다고 본다. 결국 실패를 허락하는 문화는 직원들에게 영향력이 가장 큰, 바로 '팀장'에서 시작되는 것이다.

일 년에 한 번 정도는

"전무님은 언제나 저희를 따뜻하게 대해 주시고 화도 잘 안 내셔서 참 좋습니다. 일 년에 한 번 정도만 제외하고요. 하하하!"

한 부서장이 필자를 표현한 말이다. 일 년에 한 번 정도는 다른 사람이 되어서 엄중하게 질책을 한다는 뜻으로 은근히 서운

했던 경험을 표현한 말이다. 그 부서장을 호되게 질책했던 일화를 소개한다.

2021년 그 부서장이 맡은 업무 중 하나가 이미 발생한 실패를 재발하지 않도록 하는 재발 방지 대책을 마련하는 것이었다. 어느 기업이나 마찬가지겠으나 실패는 허락하되 같은 실패의 반복은 절대 용납될 수 없기에 실패 사례의 재발 방지안을 만드는 일을 필자가 직접 챙기게 되었다.

그런데 대부분 직원은 실패가 발생하면 당장 실패로 인한 문제의 해결에만 집중하고, 일단 처리가 되면 형식적인 재발방지책을 준비하여 빨리 마무리하고 싶어 하는 경향이 있었다. 실패로 인한 문제를 해결하느라 밀린 일을 처리하려는 급한 마음에 실패에 대한 원인 분석과 재발 방지대책 마련에 소홀해지게 된다. 이렇게 되면 실패의 잠재적인 원인이 그대로 묻혀 버리고 앞으로 더 큰 문제를 일으킬 수 있다.

해당 부서장 역시 이런 오류를 범하고 있기에 호되게 질책했던 적이 있다.

실수로부터 배운 교훈

필자가 재직 기간에 주로 담당한 업무는 설계와 기술 영역으로, 방대한 데이터를 이용하여 복잡한 절차를 거쳐 결과를 내는 작업이 많았다. 이런 일의 특성은 작은 오차가 회복할 수 없는 큰 문제를 불러온다는 것이다. 따라서 아주 복잡한 일에 걸맞은 섬세함과 집중력이 요구된다.

결과가 대부분 숫자로 나오기에 단순한 오기 하나가 엄청난 결과를 초래한다. 이런 실수를 줄이기 위해 단순하고 반복적인 업무를 전산화하여 소위 '휴먼에러'를 최소화하고 사람의 손을 거칠 수밖에 없는 일들은 철저한 검토 과정을 시스템화하는 노력을 했다.

이런 노력에도 불구하고 사람이 하는 일이니 어쩔 수 없는 실수가 발생한다. 실수 발생 시 신속하게 보고되는 체계를 만들어 최대한 문제를 조기에 처리할 수 있도록 하였다. 노력했으나 불가피하게 발생한 실패엔 질책보다는 발생한 문제를 먼저 처리한 후에, 실패에 대한 원인 분석을 해서 향후 재발이 되지 않은 시스템을 구축하는 것이 중요했다.

실패가 작든 크든 간에 모두 실패로 배운 교훈(Lesson

Learned)^{2}을 만들어서 관련된 모든 직원에게 공유하고 향후 재발하지 않도록 관련 업무를 개선하는 것이다. 이 모든 Lesson Learned 사례는 데이터베이스로 만들어 누구든 쉽게 정보로 활용할 수 있게 하였다.

---

2   경험, 프로젝트, 또는 활동을 통해 얻은 교훈이나 배운 점을 나타내는 것으로 주로 프로젝트 관리, 업무, 또는 조직 내에서의 활동에서 사용되며, 성공이나 실패한 경험을 바탕으로 한 지식의 증가를 의미한다.

리더를 만드는 말, 어서 와! 고마워!

Chapter 3

인정받는 상사가
되는 법

●

과거에는 전문 기술자와 조직의 관리자가 별도로 있었다.
당시는 경영방침에 따른 조직의 관리를 더 중시하여 기업의
가치 창출에 필요한 모든 자원을 활용하는 것은 관리자의
역량이라고 판단했던 것 같다. 전문 인력은 언제든 채용해
서 쓸 수 있다고 생각했던 것이다. 그러나 현재는 관련 분
야의 기술과 경험을 갖춘 최고의 전문가가 팀장이 되고 부
서장 그리고 임원과 CEO에까지 이르고 있다. 회사의 관리
자는 해당 분야의 최고 전문가가 되는 것이다. '사람은 참
좋은데 승진을 못 해서 좀 안타까워.'라는 말이 폐기된 지
오래다.

●

소통 능력과 신뢰도는
정비례한다

소통과 상사의 리더십이 연결되어 있는 이유

　인정받는 상사는 주로 팀원들에 의해 소통이 잘된다고 평가하는 상사다. 거꾸로 소통을 잘하는 상사가 팀원에게 인정받기도 한다. 따라서 소통 능력과 직원의 신뢰도는 절대적으로 비례한다. 소통과 상사의 리더십이 연결되어 있는 이유는 다음과 같다.

　첫째, 팀원들은 소통이 잘되는 상사를 인정하고 신뢰한다. 상사를 인정하고 진정으로 신뢰할 때, 팀원들은 자신의 고민과 의견을 진솔하게 드러낸다. 자신이 믿는 상사라면 자기 견해와 고민을 말했을 때 지지받거나 좋은 피드백을 얻을 수 있을 것으로 생각하기 때문이다.

　둘째, 리더가 팀원들의 의견과 문제 제기를 인정하고 존중할 때, 팀원들은 자신이 가치 있는 일원이라고 느끼며 직장 내에서의 안정감을 경험하게 된다. 이런 안정감은 팀원들이 더 열린 마음으로 소통할 수 있는 상승작용을 불러온다.

셋째, 인정받는 상사는 모범을 통해 팀원에게 동기를 부여한다. 이러한 본보기는 팀 문화를 긍정적으로 형성하는 데 중요한 역할을 한다.

넷째, 소통이 잘되는 리더는 팀원에게 단계별 교육 기회를 제공하고, 그들의 경력 목표에 관해 대화를 나누며 정기적인 피드백을 통해 팀원들의 개인적 및 전문적 성장을 지원할 수 있다.

두려움이 아닌 안정감을 주어라

팀원들에게 인정받는 상사가 되는 방법에 대하여 필자가 실천한 몇 가지 사례를 소개한다.

필자는 통상적 면담 방식이 아닌 새로운 소통 방식을 원했다. 간담회라는 이름으로 개최된 일련의 시도를 통해 필자는 직원이 업무 추진 과정에서 느끼는 어려움과 구조적 한계를 파악해 지원하려 하였고, 무엇보다 당시 조직의 존폐까지 거론되었던 해양사업 위기국면에서 필자가 제안한 신(新)해양사업에 대한 조직원의 의견을 수렴하기 위함이었다.

필자는 직원들의 의견을 듣기 위해 정기적으로 면담을 진행하였다. 특히 직급이 낮은 직원들의 의견을 가감 없이 듣기 위해 실행했던 소통의 혁신 과정은 다음과 같다. 첫 번째 간담회는 조직과 직급으로 나누어 두 그룹으로 실행했다. 이 구상은 설계부서를 총괄하는 설계운영부에서 기획했다. 통상적인 업무회의에 적용되는 조직 단위인 부서별·팀별로 간담회를 일차로 구성하고 직급별로 그룹의 간담회를 추가한 것이다. 다양한 의견을 들을 수 있도록 간담회 구성을 해 보라는 필자의 지시를 조금 신경 쓴 구성이었다.

■ 1차 간담회

1차 간담회는 팀별 간담회와 직급별 그룹의 간담회로 두 차례 나누어 진행하였다.

먼저, 팀별로 그룹을 나눈 간담회는 정기 업무회의처럼 경직되었고 팀장이 주도하는 양상이 업무회의와 같이 재현되었다. 의도적으로 팀원들에게 질문해도 팀장의 눈치만 보고 있었다. "일하는 데 개인적으로 느낀 어려움을 말해 주세요."라는 질문에 "특별히 없습니다." 내지는 "팀장님이 잘 챙겨 주셔서 좋습니다."라는 대답만이 돌아왔다. 직원들은 이 간담회로 혹여 동료나 특히 팀장에게 불똥이 튀지 않을까 염려하고 있었다. 필자는 직원들이 그저 간담회 분위기를 흐리지 않게 하려고만 한다고 느끼게 되었다.

두 번째로 진행된 직급별 그룹의 간담회의 경우, 눈치 볼 상사가 없으니 자유로운 분위기에서 좋은 의견이 나올 것으로 내심 기대를 많이 했다. 특히 직급이 낮은 그룹에 대한 기대감을 가지고 있었다. 그런데 의외로 분위기는 편해 보이지 않았고 많은 의견이 나오지 않았다. 아주 소소한 불만이나 요구 사항만이 나왔다. 그리고 다양한 직급과 직종이 참여하는 간담회 그룹을 선호한다는 의견도 많았다. 직급별 혹은 직책별로 다양한 위치의 의견을 함께 공유하고 싶다는 의견이었다.

결론적으로 1차 간담회는 교훈만을 남기고 중단되었다. 따라서 팀별 그룹과 직급별 간담회에서의 문제점을 보완할 수 있는 개선된 그룹화가 필요했다.

■ 2차 간담회

이후 새롭게 기획한 간담회는 직속 상관의 눈치를 보지 않은 분위기를 조성하기 위해서 직급별로 다른 부서와 다른 팀의 인원을 무작위로 섞어서 조합했다. 필자는 특히 하위직 직원들에게서 팀장들에게 듣지 못한 다양하고 참신한 의견이 나올 수 있을 것으로 내심 기대했다.

그러나 예상과는 달리 지위가 낮은 직원들은 침묵 내지는 윗사람 의견에 대한 동의를 선호했다. 무엇이 문제였을까? 바로 이야기 순서에 문제가 있었다. 간담회는 순서를 정하지도 않았는데도 자연스럽게 직급 순서로 이야기가 진행되었고, 직속 상사는 아니어도 직급이 높은 직원들의 의견과 다른 의견을 내는 것을 꺼리며 직급이 높은 상사가 먼저 의견을 개진하면 그저 동의한다는 표현만 하는 것이었다.

■ 3차 간담회
3차 간담회에서는 새로운 룰을 도입하였다.

첫째, 우선 누구의 의견이든 반박은 허용되지 않았다.

둘째, 낮은 직급의 직원들에게 발언의 우선권을 주었다.

셋째, 낮은 직급의 직원에게 2배의 발언 기회를 주었다.

다행히 조금씩 간담회의 분위기에 변화가 생기고 지위가 낮은 직원들의 이야기가 나오기 시작하였다. 이후 지속된 간담회는 편안한 분위기로 업무 개선에 필요한 의견을 자연스럽게 들을 수 있었다. 특히 당시 필자가 전사적 차원에서 제안했던 신(新)해양사업 비전에 대한 심도 깊은 논의도 할 수 있었다.

진짜 리더는
팀원을 실력자로 키운다

뛰어난 역량은 팀장의 필수 조건

과거에는 현장의 기술자와 조직 관리자가 별도로 존재했다. 이공계를 전공한 기술직은 맡겨진 전문 영역에만 전념했고, 조직의 관리 업무는 기업 경영과 조직 관리를 전공한 전문 관리자의 몫이었을 때가 있었다. 당시는 경영방침에 따른 조직의 관리를 더 중시하여 기업의 가치 창출에 필요한 모든 자원을 활용하는 것은 관리자의 역량이라고 판단했던 것 같다. 전문인력은 언제든 채용해서 쓸 수 있다고 생각했던 것이다. 돌아보면 이해하기 어려운 부분일 수도 있다.

그러나 현재는 관련 분야의 기술과 경험을 갖춘 최고의 전문가가 팀장이 되고 부서장 그리고 임원과 CEO에까지 이르고 있다. 그러니 리더의 전문성은 필요한 역량이라기보다는 필수적인 조건이 된 것이다. "사람은 참 좋은데 승진을 못 해서 좀 안타까워!" 이런 말은 폐기된 지 오래다.

모든 구성원은 리더의 전문성을 보고 따라가는 것임을 명심해야 한다. 따라서 리더인 팀장들은 팀원들뿐만 아니라 자신의 전문성 향상에도 끊임없이 투자하여야 한다. MZ세대들은 본인이 배울 수 있는 역량을 가진 상사라면 설사 인간 관계상 불편함이 있더라도 기꺼이 감수한다고 말한다.[1] 결국 뛰어난 역량은 팀장의 필수 조건이며, 리더인 팀장은 본인의 전문성 향상은 물론 유능한 직원에게 과감하게 성장의 기회를 주어 자신을 넘어서는 팀장을 육성하는 것이 무엇보다도 중요하다.

지속적인 지원과 기회 제공이 중요한 이유

필자가 리더십 사내강사 시절에 접한 직원들의 설문 조사 내용을 한 가지 소개한다. 직원들의 불만 중 흥미로운 것이 있었다. 일을 잘하는 직원에게 늘 업무가 몰려 일만 하게 되고, 교육·연구·세미나 등의 참석 기회는 오히려 한가한 팀원에게

---

[1] 유경철·이민우, 2022. 성과를 내는 팀장의 완벽한 리더십. 천그루숲. p.132.

리더를 만드는 말, 어서 와! 고마워!

주어지는 경우가 많다는 것이었다.

현재 해결해야 할 긴급한 업무 처리에 급급하여 일 잘하는 인재가 오히려 교육에서 소외되는 사례가 실제로 발생하고 있다는 것이다. 늘 업무가 몰리는 유능한 직원은 결과적으로 업무 과부하로 인해 자기계발에 시간을 할애하지 못하고 또한 업무 스트레스마저 올라가 결국 업무 성과마저도 저하되는 악순환을 겪게 된다.

아마존의 조직 혁신의 핵심

아마존(Amazon)은 2001년에 31억 달러의 매출을 올렸는데, 폭발적인 성장은 조직의 몸집을 키웠고, 모든 결정과 소통을 조율하는 데 점점 더 많은 역량이 투입되었다. 당시 그들이 도입한 조직 혁신 전략은 "뉴 프로젝트 이니셔티브(NPI)"였다.

당장 해결해야 할 중요 업무에 기술력을 집중적으로 투입하는 것이었다. 이는 IMF 구제금융 이후 한국 기업에서 붐처럼 일었던 조직 유연화 조치, 즉 TF 팀을 통한 협업과 집중과 무척 닮아 있다. 그러나 이 과정에서 유능한 직원일수록 공동의 프로젝트를 위해 업무 지원을 해야 했고, 야간이 되어서야 자신의 업무를 할 수 있었다. 기이한 일은 이 시기 벌어졌다. 가장 유능한 직원의 성과가 가장 낮은 것으로 측정되기 시작한 것이다.[2]

오늘날 아마존의 채용 담당자들은 50만 명 규모의 인력을 채용하는데, 그들은 늦게 채용했다고 문책당하지 않는다. 그들에게 맡겨진 가장 중요한 임무는 다양한 파트를 효과적으로 운영할 역량 있는 리더의 채용과 승진이었고, 이 리더가 아마존의 모든 것이나 다름없었다.

아마존이 했던 고민의 핵심은 단위 시간당 가장 많은 생산성을 확보하기 위한 의사소통의 모습은 무엇이고, 팀의 협업과 분업·통합은 어떠한 방식이 되어야 하는가였다. 그들은 이 조직 혁신에 10년이라는 시간이 필요했다고 회고한다. 결국 시간이 걸리더라도 역량 있는 리더를 고용하고 이를 육성하는 것이 조직의 혈맥(血脈)이라는 사실을 알아낸 것이다.

이처럼 실력 있는 팀장 한 사람을 육성하는 것은 100년 미래를 바라보는 기업 입장에서는 혁신의 지속성을 담보할 수 있는 가장 유력한 길이기도 하다. 장기적 전망으로 본다면, 팀장은 유능한 직원들이 교육으로 인한 공백으로 발생하는 불편함을 과감히 감수해야 한다. 그리고 이 공백은 저성과자들에겐 성과

---

2   콜린 브라이어 · 빌카, 2021. 순서파괴. 유창식 역. 다산북스. p.140.

를 올릴 수 있는 새로운 기회가 될 수 있다는 점도 주목해야 한다. 이런 리더의 지속적인 지원과 기회의 제공으로 저성과자를 고성과자로 성장시키는 조직의 선순환 구조를 이룰 수 있다.

유능한 인재의 육성을 위해 업무 공백을 감수하다

필자 또한 업무의 일부 공백을 감수하고 결단하여 직원을 지사 요원으로 파견한 경험이 있다. 단기 교육은 업무 공백도 짧아서 공평하게 교육의 기회를 줄 수 있다. 문제는 장기간의 사외 교육과 해외지사 파견의 경우이다. 이러한 장기간의 경험은 직원들의 역량 향상은 물론 직접적인 성장인 승진에도 직결될 수 있는 기회들이다.

2022년 필자의 조직에도 해외지사 요원으로 갈 기회가 생겼다. 해외지사는 영업지사로서 통상 영업부 직원들이 해당되는데, 영업에 기술 지원이 중요하여 설계 요원이 파견되는 예도 있다. 필자가 영업부문장과 협의하여 어렵게 한자리를 얻어 낸 것이었다. 그런데 막상 인원을 보내려니 지사 요원에 적격한 직원들은 모두 현재 공사의 중책을 맡고 있었다. 대책도 없이 그냥 보낼 수는 없는 상황이고, 안 보내면 직원들에겐 천금과 같은 기회를 영원히 놓치는 상황.

　필자는 해당 부서에 향후 추가 인력 배치의 우선권을 주고 부서장과 합의하여 파견 직원의 업무를 차선임자로 대체하고, 부족한 부분은 부서의 팀장이나 부서장이 처리하는 방식으로 결정하였다. 이처럼 물밀듯 과업이 쏟아지는 시기, 실력 있는 리더를 장기 교육으로 파견하는 일은 쉽지 않은 것이다. 하지만 그때의 어려운 용단으로 매년 설계 요원을 해외지사로 파견할 수 있었고, 더 유능한 인재를 육성할 수 있었다.

　리더를 만드는 말, 어서 와! 고마워!

리더십이 아니라
팔로워십이 성과를 낸다

리더십과 팔로워십, 어떻게 다를까?

팀원에게 바라는 모습이 있다면 내 상사에게 그 모습을 보여
라. 리더십을 우리말로 하면 지휘력(指揮力), 통솔력(統率力),
솔선(率先) 등으로 고쳐 쓸 수 있지만 미묘한 뜻의 차이는 여전
히 남는다. 동북아에서 이 개념은 주로 군대나 집단에 대한 탑
다운 방식의 지휘라는 뜻으로 읽히지만, 리더십은 조직 내에서
리더와 조직원 간의 쌍방향 상호 작용을 더 주목한 개념이다.

　리더십이 그 자체로 독자적 힘을 가진 완결적 개념이 아니며,
리더십이 완성되기 위해선 이에 상응하는 조직원의 상호 작용
이 필요하다는 것에서 팔로워십(Followership)이라는 개념이 도
출되었다. 리더십 일부로 다뤄 왔던 팔로워십이 독자적인 개념
으로 주목받기 시작한 것은 1992년 로버트 켈리(Robert E. Kelly)
교수의 연구에서부터이다. '조직의 성공에 리더의 기여도는

20%, 나머지는 팔로워에 의해 이루어진다.'라는 말로 팔로워십이 부상하게 되었다.

팔로워는 조직 차원에서 말하자면 리더를 따르는 사람, 상사와 업무적·위계적으로 연결되어 있는 부하 직원을 의미한다. 그렇지만 팔로워십은 리더의 지휘를 잘 따르고 보좌한다는 개념은 아니다. 팔로워십이란 리더와 조화를 이루며 능동성과 자기주도성을 견지하는 조직원의 태도와 능력이다. 그 기준은 기업이 추구하는 가치와 비전이 되어야 한다.

결론적으로 성공적인 조직에는 리더십과 팔로워십이 공존해야 하며, 때로 팔로워십이 더 막강한 영향력으로 새로운 리더십을 형성하기도 한다는 것이다. 따라서 조직의 모든 문제의 원인과 처방을 리더 한 사람에 맞춘 리더십 교육보다, 실제로 조직을 이끄는 대다수 팔로워의 역량과 자질을 키우는 팔로워십 교육 또한 매우 중요하다.

조직을 이끄는 훌륭한 팔로워십

그렇다면 조직을 이끄는 훌륭한 팔로워십은 무엇일까?

■ 자기 업무에 대한 주도성과 열정이 있어야 한다

상사가 지시한 일뿐 아니라 자신이 관련된 사항을 함께 고려하여 결과를 내는 것이다. 물건을 살 때 덤을 주는 가게를 좋아하듯이, 하나를 시키면 하나를 더해 둘의 결과를 낸다면 상사에게 인정받는 훌륭한 팔로워가 될 수 있다.

■ 조직과 동료에 대해 헌신을 하여야 한다

아무리 조직의 일에 내 몸을 바쳐서 일해도 그것이 자발적이지 않으면 그것은 헌신이 아닌 단순한 동참에 지나지 않는다.

■ 리더의 파트너가 되는 것이다

리더가 시키는 것만 따라 하는 일방적인 추종자가 아니라 능동적으로 일을 처리하는 파트너라는 인식을 지녀야 한다. 어떤 상황에서든 상사와 뜻을 같이하겠다는 마음가짐과 태도도 필요하지만, 진정한 팔로워는 리더에게 모든 초점을 맞추기보다는 자신의 조직, 수행할 과제에 초점을 맞춘다. 리더의 지시에 일방적으로 순응하는 것이 아니라 적절한 대안과 보완, 때로는 반대를 함으로써 조직이 지속 가능한 성과를 창출할 수 있도록 해야 한다는 것이다.

유능한 팔로워가 유능한 리더가 된다

리더 대부분은 한 특정 그룹의 상사이며 동시에 전체 조직의 한 구성원이다. 리더 또한 부하이고 상사를 위해서 일을 하는 존재다. 이는 곧 모든 조직의 구성원은 리더와 팔로워의 역할을 동시에 수행한다는 말이다. 결국, 유능한 팔로워가 유능한 리더가 될 수 있다.

아이들이 부모의 행동을 따라 하고 학생들이 스승을 본받는 것처럼 조직에서도 구성원이 리더의 행동을 관찰하고 모방하는 것은 자연스러운 현상일 것이다. 구성원에게 바라는 모습이 있다면, 리더가 먼저 자신의 상사를 돕는 모습을 직원들에게 보여 줘야 한다. 솔선수범은 어느 분야에서나 매우 효과적이다.

어차피 해야 할 일이라면
먼저 자원하라

필자가 설계조직에서 팀장을 하고 있을 때의 일이다. 당시 부서는 전문성에 따라 직능별로 구분되어 있었고, 부서는 팀을 나누어 공사를 맡아 수행하던 중이었다. 부서의 공통 업무나 팀 간의 업무 조율은 부서장이 맡아서 하게 된다. 당시 필자의 팀도 신규 공사를 맡은 탓에 업무량이 과중한 상태여서 직원 대부분이 연장 근로를 하며 잠을 줄여 일했다.

그런데 유사한 업무를 하는 옆 팀에 문제가 발생하였다. 설계에 큰 오류가 발생하여 전체 설계를 다시 해야 하는 상황이었다. 문제 해결을 위하여 부서장은 팀장들을 모아 긴급 대책회의를 열게 되었고, 문제의 팀을 도와줄 대상을 찾아야 했다. 당시 대부분 팀이 설계 일정을 준수하느라 정신이 없어 어느 팀 하나여유 있는 상황이 아니었다. 부서장도 상황을 잘 알고 있는 터라 결정은 쉽지 않았고, 팀별로 문제를 분석하여 도울 수 있는 부분을 파악한 후에 다시 회의하기로 하였다.

필자의 팀도 문제가 생긴 팀의 업무를 확인하였고, 직전에 수행한 내용과 같은 업무임을 알게 되었다. 어느 팀보다도 더 빠르고 효율적으로 지원할 수 있는 팀이 우리 팀이었기에 필자가 먼저 지원하였다.

헌신적인 태도가 성장을 부른다

당연히 초과 업무를 해야 하는 팀원들은 불만으로 입이 나왔지만, 예상했던 대로 이미 경험한 업무라서 업무 부담이 그리 크지는 않았다. 이렇게 사건은 잘 마무리되었고, 부서장은 우리 팀이 자원하여 처리해 준 것에 감사를 표했다. 부서장은 업무 추진에 필요한 회식 등 지원을 아끼지 않았다. 이 일로 인해 우리 팀의 기술력은 한 단계 성숙했고, 회사 전체에도 큰 이익이 되었다.

이후에도 필자는 상사인 리더의 관점에서 조직 전체를 보는 관점을 유지하였다. 타 팀과의 업무 협력은 지속되었고, 폭넓은 업무를 경험할 수 있었다. 결국 이러한 헌신적인 태도가 필자를 성장시킨 결정적 요인이었다고도 할 수 있다.

리더의 일을
팀원이 경험하게 하라

필자는 상사에게 업무 보고를 할 때 담당 직원을 대동하곤
했다. 필자가 상사에게 보고하는 것을 직원이 보며 배우기를
원했기 때문이다. 하지만 직원들은 필자와 함께 가는 것을 부
담스러워했고 실제로 수차례 고사하여 억지로 데리고 간 경험
도 있다.

초기에 일부 직원들은 필자가 보고할 때 모르는 것을 묻거나,
혹여 질책받을 때 휘하 직원에게 책임을 전가하는 것 아닌가라
고 오해하기도 했다. 물론 필자 또한 상사에게 질책받는 모습을
팀원에게 보이는 것이 좋은 것만은 아니었다. 그럼에도 필자는
팀원들에게 하나의 프로젝트가 어떤 의사결정 과정을 거쳐 전
개되는지를 있는 그대로 보여 주는 것이 좋다고 판단했다.

팀원과 함께 보고하는 방식에는 분명한 효과가 있었다. 무엇보다 팀원들의 시야가 확장되었다. 팀원으로서 바라보던 사업에 팀장과 부서장의 관점을 더해서 바라보면 업무를 보다 통합적으로 인식하게 된다. 자칫 실무에 빠져 놓치기 쉬운 전사적 관점을 팀장과 부서장과의 보고 · 지시를 통해 얻게 되는 것이다.

특히 직원을 동반하는 보고의 경우, 필자가 원하는 업무의 정형을 가르치는 기회이기도 했다. 필자 역시 보고서와 보고 방법에 대해 더욱 신경을 쓸 수 있었다.

물론 아무리 준비를 잘해도 질책을 받는 경우가 있어 매번 보고를 마치고 나면 동반한 직원과 함께 보고 내용을 복기하고 정리하는 '디브리핑(Debriefing)' 시간을 가졌다. 디브리핑을 통해 향후 진행할 업무에 대해 보다 명확하게 공유할 수 있었고, 업무 진행의 완성도도 높아졌다.

무엇보다 함께하는 보고는 평소 직원들이 직접 접하기 어려운 경영층에게 필자가 자연스럽게 직원들을 소개하며 그들의 유능함을 어필할 수 있는 자리가 되기도 했다.

구체적 지시가
구체적 결과로 돌아온다

업무 스타일의 차이로 발생하는 비효율

많은 팀장들이 자신에 대해 팀원들이 잘 알고 있다고 생각한다. 동일한 분야에서 함께 일해 왔기 때문에 서로의 업무 스타일을 잘 알고 있다고 생각한다는 것이다. 그러나 실제로는 서로의 생각을 이해하지 못해서 많은 시행착오가 일어나는 경우가 많다.

사람은 매우 복잡하고 다양한 성격 유형과 기질을 가지고 있어서 동일한 문제에 대한 이해가 각기 다르고 이에 대한 추진 방향은 더욱 다양할 수밖에 없다. 결국 고유의 스타일에 따라 업무를 추진한다. 실제로 현장에서 서로의 업무 스타일의 차이로 사업이 공전하거나 수정 또는 다시 작업해야 하는 비효율로 이어지고 있다.

구체적인 계획이 없는 업무 지시의 폐해

필자의 근무 시절 회사에서 실시한 설문 조사 결과에서도 팀원들은 업무 수행에 있어서 가장 큰 고충 중 하나로 '구체적인 계획이 없는 업무 지시의 폐해'를 꼽았다. 상사로부터 '일단 알아서 해 보라'는 식의 애매한 업무 지시를 받은 후 수없이 수정되는 문제를 지적한 것이다. 팀장들은 이를 상호 의사소통, 또는 직원의 이해력 부족으로 생각하지만, 이는 업무에 대한 구체적인 계획과 구상이 모호한 상태에서 직원에게 모호한 지시를 하는 팀장의 준비 부족이 원인이다.

가령 업무의 최종 성과물 중 하나인 보고서는 보고하는 주체인 팀장의 스타일로 준비되어야 한다. 문제는 팀장이 구체적인 보고서의 내용을 생각지도 않은 채 직원에게 지시부터 하는 경우다.

"김 대리, A프로젝트 손익 현황을 보고해야 하니까, 일단 보고서 준비해 봐. 만들고 나서 같이 보자, 오케이?"

이런 지시를 받은 김 대리는 팀장이 원하는 보고서 내용을 확인하기 위해서 질문을 할 것이다. 그러나 돌아오는 대답은 "일단 비슷한 보고서를 참고해서 준비해 봐! 내가 바빠서 그러잖아."라는 모호한 대답뿐이다. 해당 보고서에 관한 구체적 계획이 없는 팀장에게서 더는 나올 답은 없다.

김 대리 또한 '어차피 수정할 테니 지난번 것 대충 베껴서 일단 준비해 보자.'는 식의 소위 영혼 없는 보고서를 준비한다. 막연한 기대만 하고 있던 팀장은 김 대리의 보고서에 실망할 것이고, 이후로 두 사람은 매우 불편한 상황에서 많은 시간을 소비하여 보고서를 완성할 수밖에 없게 된다.

리더가 알아야 할 업무 지시 7가지 원칙

팀장이 바쁘다는 핑계로 명확하고 구체적인 요구 사항 없이 보고서 작성을 지시하면 당시에는 시간을 벌 수 있는 것 같지만 실제로 몇 배의 시간을 더 들이게 되고, 김 대리의 업무 의욕 저하 역시 덤으로 받게 될 것이다. 이와 같은 구체적인 계획이 없는 업무 지시의 폐해를 막고 싶다면 다음과 같은 원칙을 지켜라.

■ 용처를 뚜렷이 밝히라

회사 지휘부에 제출할 정연한 보고 양식에 따른 보고서를 원하는 것인지, 현재 자신이 하고 있는 구상을 도와줄 새로운 아이디어 차원에서의 참고용 정보를 원하는 것인지에 따라 직원의 수행 방식은 전혀 달라진다.

■ 해당 업무가 전체 프로젝트의 어느 지점에 위치한 퍼즐인지 알려 주어라

또한 해당 업무가 전체 프로젝트에서 어떤 위치에 속한 것인지, 해당 업무가 연계된 다른 업무에 미치는 영향을 일러 줘야 한다. 경험이 많고 물정에 밝은 실무자라면 모르겠지만, 이제 업무를 배우기 시작한 직원에겐 매우 중요하다.

■ 기한을 분명히 정하라

가장 안 좋은 지시는 "가급적 빨리"라는 표현이다. 만약 담당 직원의 업무가 과중하지 않고 여유가 있다면 모르겠지만, 3일 전에도 "가급적 빨리"하라고 무언가를 지시했다면 두 번째의 "가급적 빨리"라는 지시는 직원에게 엄청난 혼란을 준다. 기존의 업무를 중단하고 당장의 지시에 집중해야 하는지, 또는 오늘 중으로 제출해야 하는지 등 혼란은 가중된다.

■ 사업 경로를 공유하라

해당 업무가 일회성 업무인지, 아니면 업무 보고를 통해서 전

체 회의 또는 수정을 거쳐 다시 업무 분장되는 것인지, 사업 경로에 관한 프로세스를 공유하면 이후 진행 방향에 대해 전체적인 윤곽을 잡을 수 있게 되고, 응당 업무 완결성은 높아진다.

■ 수행 방법을 지시하라

방법 또한 제시해야 한다. 메일 또는 기존 정보를 활용해서 작업을 해도 무방한 것인지, 아니면 현장에 내려가서 파악해야 하는 업무인지, 홀로 수행해야 하는지 부서원 누구와 조직을 꾸려 일을 추진해야 하는지 등, 수행 방법의 차이에 따라 지시의 무게 또한 달라지는 법이다.

경쟁사의 입찰 준비에 대한 동향 정보를 파악하라는 지시를 했다면, 이행 경로와 결과에 대한 책임 또한 져야 한다. 해당 지시가 발주청 직원을 '구워삶아서' 정보를 빼 오라는 것인지, 지역 내 하청업체를 통해 정보를 파악하라는 것인지, 정보원을 활용하라는 것인지에 따라 그 성격은 달라지고, 만약 문제가 불거졌을 때 상사의 책임 또한 피할 수 없는 것이다.

■ 직원을 세워 두고 지시하지 말라

자신이 책상에서 보고서를 보면서 직원에게 업무 지시를 한다면, 직원을 세워 놓고 지시해선 안 된다. 사람의 위치는 때로 공간과 위치로 규정된다. 지시하는 자와 듣는 자의 역할이 자연스레 설정되고, 선 자세에서 수첩에 업무 지시를 정확히 기록하기란 매우 어렵다. 직원은 받아 적느라 정작 중요한 질문과 토론을 하지 못할 수 있다. 마주 앉아서 함께 자료를 보며 확인하면서 업무 지시를 하는 것이 좋다.

■ 신뢰하되 점검은 철저히 하라

신뢰와 사업 검증은 전혀 다른 차원의 영역이다. 직원에게 믿고 일을 맡겼으면, 진행 현황과 핵심 지점에 대한 점검을 예측성 있게 진행하라. 특히 실무적 업무 하중이 많은 직원일수록 당장의 실무에 매몰되기도 하니, 점검을 통해 실행을 독려해야 한다.

효율적인 보고서 작성의 사례

보고를 잘하는 사람은 승진의 기회를 잡는다

보고서를 작성하는 목적은 의사결정과 문제 해결을 위한 것이다. 의사결정과 문제 해결을 위해 많은 정보와 의견을 종합하여야 하며, 보고서는 이 과정에서 중요한 커뮤니케이션 수단이다. 보고서는 업무의 공통 언어로써 조직을 연결하고 조직 구성원들의 업무를 서로 연결해 주는 수단이 된다.

또한, 보고의 대상은 대부분이 자신의 직속 상사이다. 직장에서의 성과에 보상인 연봉과 승진이 바로 직속 상사의 평가에 달려 있다. 따라서 보고서는 직접적인 업무 결과에 추가하여 또 다른 자신의 능력을 평가자에게 보여 줄 기회이기도 하다.

이러한 이유로 기업에서는 어떤 위치에 있더라도 보고는 필수적이고 중요한 업무로 보고를 잘하는 사람은 더욱 많은 성장의 기회를 가질 수 있게 된다. 필자 또한 남들보다 조기 승진과 리더로서 성장할 수 있었던 이유 중 하나가 간결하고 명확한 보고였다.

효율적이고 효과적인 보고서 작성 팁

다음은 필자가 먼저 구체적인 계획을 수립한 후에 지시하여 완성하는 보고서 작성 과정이다.

① 보고서의 구성 초안을 준비한다. 초안의 내용에는 아래 사항을 포함한다.

– 보고서 준비의 목적과 보고 대상

– 보고서 완료 및 보고 시점

– 보고서 목차(목차를 기술하고 목차별 들어갈 내용을 간단히 서술하거나 구두 설명도 가능)

– 결론 표현 형식(단순 서술 혹은 그래프나 표 등을 추가할지 여부)

– 보고서 양식과 분량(예를 들어 PPT로 약 10쪽 정도)

② 이 초안에 따라 지시받은 작성자는 어떻게 내용을 작성할 것인지 준비하고, 그 내용을 지시자와 함께 점검 후 보고서 작성을 진행한다. 이후 추가 점검을 진행한다. 추가 점검은 완료일에서 역산하여 2~3회 정도로 계획한다.

③ 1차 점검은 초안에 따른 상세보고서 작성 계획을 공유한다. 즉, 실보고서 준비 이전에 작성자의 계획을 공유하여 협의한다.

④ 2차 점검은 일차 작성 내용을 공유하고 변경이나 추가할 사항을 점검한다.

⑤ 3차 최종 결과물을 공유하여 수정 완성한다.

보고서 완성까지 수시로 점검하라

위 절차를 따르자면 많은 시간과 노력이 필요해 보일 수 있으나 필자의 경험으로는 초안 작성에 30분 정도 할애했다. 초안을 수기로 간단히 작성하여 업무 지시를 하면서 추가 사항을 함께 기록하여 활용하면 더욱 효율적이다.

보고서 완성까지 수시로 점검하는 것은 매우 중요하다. 작성 내용을 사전에 공유하면 반복 작업을 방지하는 효과도 있고, 보고서를 준비하는 과정에 상황이 바뀔 수도 있으므로 이를 즉각 반영할 수 있기도 하다.

필자가 경험한 이 방법을 활용해 보라. 호미로 막을 수 있는 일을 가래로 막는 불상사를 막아 줄 것이다. 또한, 팀원은 보고서 작성에서 완성까지의 모든 과정을 공유하는 멋진 파트너의 모습을 보여 줄 것이다.

배우려 하고
모르는 것은 모른다고 하라

경직성과 관행화의 폐단 원인은?

리더의 경험은 팀원에 비해 풍부하다. 보통 회사의 성장과 함께 성장한 리더일수록 그 경험을 무시할 수 없다. 그러나 리더가 모든 것을 다 아는 것은 아니며 항상 옳은 것은 더더욱 아니다. 설사 본인이 경험한 일이라 할지라도 시간이 경과하고 구체적인 조건이 바뀌면 새로운 관점으로 접근하는 것이 옳다.

그런데 이때에도 리더가 늘 모든 것을 알고 있다는 듯이 지배하려고 하면, 누구도 면전에서는 이의를 제기하진 않을 것이다. 그럴 때 팀원은 리더의 지시대로만 업무를 수행하는 기계적인 도구로 전락한다. 열의는 떨어지고, 풍부하고 창의적인 해법은 도출되지 않는다. 업무를 기계적으로 처리하는 경직성과 관행화의 폐단은 이렇게 발생하기도 한다.

리더의 구상을 컵에 비유하자면, 리더의 컵은 늘 팀원의 생각과 열정으로 채워질 빈 곳이 남아 있어야 한다. 빈 곳을 확인한 팀원들은 서로 더 좋은 아이디어로 채워서 팀장의 신임을 얻으려 할 것이다. 리더가 배우려는 자세를 견지하면 다음과 같은 효과를 얻을 수 있다.

우선 리더가 새로운 지식과 기술을 배우려는 자세를 보임으로써 직원들도 자신의 전문성을 강화하고자 노력한다. 이 동기 부여로 조직의 역량은 강화된다.

둘째, 리더의 열린 자세는 조직이 외부 환경에 대한 변화에 더욱 능동적으로 대처하도록 한다.

마지막으로 가장 중요한 효과는, 리더가 팀원들의 의견을 존중하고 경청할 때 직원들은 자유롭게 사고하고, 이에 따라 창의력이 배가된다는 점이다. 창의적이고 효과적인 방안은 조직의 결정 과정에 반영된다.

심리학자에 따르면 평소 "난 알고 있어."라고 자주 말하는 사람일수록 사교성이 부족하고 주변인에게 인기가 없을 확률이 높다고 한다. 반면에 망설임 없이 "잘 모르겠는데?"라고 하는 사람일수록 풍부한 상상력과 창의력을 지닌 경우가 많다는 것이다. '아는 것을 안다고 하고, 모르는 것은 모른다고 하는 것이 참으로 아는 것이다(知之爲知之 不知爲不知 是知也)'란 공자의 명언을 다시 한 번 새겨 봄직하다.

모르는 것은 모른다고 하라

필자는 업무 회의나 간담회 등 직원들과 소통을 할 때 무엇보다도 편안한 분위기 조성에 가장 크게 신경을 썼다. 직원들에게 안정감을 주어 직원들이 알고 있는 내용을 있는 그대로 솔직하게 발언할 수 있도록 도왔다. 그래서 필자가 주관하는 회의에서는 필자는 물론 모든 참석자가 모르는 것은 모른다고 하는 분위기가 자연스럽게 정착되었다. 주로 질문을 통해서 필요한 정보와 의견을 듣게 되는데, 훈련이 부족한 직원은 사실(Fact)과 의견(Opinion)을 혼용하여 답하는 경우가 있었다. 예를 들어 문제의 사실관계를 확인하기 위해 '발주처의 기술적 요구 사항인 스펙(Technical Specification)'의 특정 사항을 질문하는 경우인데, 간혹 본인의 경험에 기반한 내용을 답하는 경우가 있곤 했다. 그래서 몇 가지 원칙을 정해서 회의를 더욱 효율적으로 진행할 수 있는 기준을 만들었다. 회의 진행의 원칙은 다음과 같다.

① 팩트와 본인의 의견을 구분하여 질문하고 답변하기

② 팩트를 답변할 경우 가능한 한 관련 자료와 근거를 제시할 것

③ 팩트에 대하여 정확히 모르는 경우는 모른다고 하기

④ 개인의 의견을 제시할 때는 본인의 의견만 말하고 타인의 의견에 반박하지 않기

그런데 위 원칙 3항의 '모르는 경우 모른다고 하기'가 직원 입장에서는 불편하다는 느낌을 받았다. 본인 담당 업무임에도 "모른다"고 말하자니, 팀장의 불신을 살 수 있다는 불안감을 가지고 있었던 것이다. 그래서 3항의 원칙을 "정확한 사실관계를 확인해보고 오겠습니다."로 바꾸고, 회의 중이라도 나가서 관련 자료를 확인하고 돌아올 수 있도록 유연하게 운영하였다.

물론 모르는 것을 모른다고 말하는 것이 자랑은 아니다. 다만 모르는 것을 아는 것처럼 말하는 것은 위험하기에 이러한 풍토를 정착시키려 한 것이다. 모르는 것은 모른다고 말한 후에는 자신의 취약점을 확인하고, 이를 개선하기 위한 노력이 반드시 수반되어야 한다. 개선의 노력 없는, 그저 무지함을 인정하는 솔직함은 겸손이 아닌 업무적인 무능함을 보이는 것임을 명심하기 바란다.

부정도 포용하는 긍정의 힘

긍정적인 태도가 성공을 이끈다

긍정 심리학이란 학문이 최근 들어 주목받고 있다. 마틴 셀리그만은 저서 『긍정심리학』에서 인간의 행복감에 긍정이 미치는 중요성을 언급했다. 행복과 성공이 사람을 긍정적으로 변화시키는 것이 아니라 긍정적인 태도가 행복과 성공을 만들어 준다는 것이다.[3]

이 원리는 조직에도 해당된다. 조직원의 긍정성은 조직의 지속과 발전에 지대한 영향을 끼친다. 실제로 상황의 부정적인 면보다 긍정적인 면을 보려고 노력하면 어떤 문제든 덜 위협적으로 느껴진다. 긍정적인 태도는 문제의 심각성에 압도되지 않고 창의적인 해법을 만들어 낸다. 이런 측면에서 보자면 긍정성이

---

3   마틴 셀리그만, 2020. 긍정 심리학(개정판). 우문식 역. 물푸레.

리더를 만드는 말, 어서 와! 고마워!

야말로 리더가 지녀야 할 가장 중요한 자질이다.

필자가 재직 중 직원들로부터 주로 받았던 질문을 요약하면 다음과 같다.

① 직장에서 좋은 인간관계를 형성하려면 어떤 태도가 중요합니까?

② 상사에게 인정받으려면 어떻게 해야 합니까?

③ 조직에서 성장하려면 어떻게 해야 합니까?

이에 대한 필자의 대답은 한결같았다. 긍정적인 마인드가 가장 중요하다는 것이었다.

부정의 힘은 내부 가장 가까운 곳에서 탄생한다

실제로 업무를 추진하다 보면 긍정적인 기대보다는 부정적인 기대나 평가를 많이 접하게 된다. 새로운 도전이 필요한 사업을 추진하거나 새로운 업무 시스템을 적용하는 경우에는 부정적 주장이 큰 장애가 되기도 한다. 이 부정의 힘은 주로 외부가 아닌 내부 가장 가까운 곳에서 탄생한다.

사실 모든 시스템은 태생적으로 보수적일 수밖에 없다. 조직 역시 이 시스템을 안정적으로 유지하기 위한 성격이 강하다. 따라서 조직과 시스템이 흔드는 그 '새것'은 조직원에게 불편함과 두려움을 준다. 사람의 신체 활동을 규정하는 뇌의 특성 또한 보수적이다. 그래서 모든 혁신에서는 저항이 따른다고 하는지도 모르겠다.

새것에 대한 두려움으로 인한 부정적 주장은 늘 나름의 탄탄한 논리적 근거로 무장하고 있다. 당연하지 않은가? 이미 걸어온 길에 대한 근거는 차고 넘치지만, 전인미답(前人未踏)의 길이 성공할 것이라는 확실한 근거는 부족한 것이 사실이다.

부정적 주장도 포용하는 것이 리더의 몫이다

그렇다고 부정적 주장이 업무 혁신이나 새로운 사업에 도움이 전혀 안 되는 것은 아니다. 모험이 따르는 새로운 시도 과정에서 제거해야 할 위험 요소를 사전에 인지하고 대비하는 데 큰 도움이 되기도 한다. 따라서 부정적 주장 역시 잘 포용하는 것이 리더의 몫이다.

신제품 출시를 앞둔 IT 업종의 경우 개발팀의 계획서나 신제품의 '문제점만을 찾아내는' 별도의 X-Team을 운영할 때가 있

리더를 만드는 말, 어서 와! 고마워!

다. 오랜 기간 동일한 체험과 소통을 해 온 그룹의 구성원일수록 자신 팀의 계획과 작업에 대해 긍정적인 반응을 하는 경우가 많기 때문이다. 이처럼 부정적 견해를 어떤 방식으로 승화할 것인지 또한 리더의 몫이다.

부정적인 선입견은 해결책을 도출하지 못한다

필자의 체험을 바탕으로 하나의 사례를 들어 본다. 신규 공사 수주를 위해 입찰제안서의 수행계획을 검토하는 일이었다. 통상 신규 입찰 준비는 공사 규모와 수행 일정 등을 설명하는 공사개요를 시작으로 설계, 구매, 제작의 단계별 상세 수행계획을 설명하고 공사 수행 시의 예상 문제점과 이에 대한 대책을 협의하는 순서로 진행된다. 주된 논의 내용은 공사 수행 중 발생할 수 있는 리스크는 무엇이고, 어떻게 관리할 수 있는지를 점검하는 것이다.

① 공사 수행에 필요한 기술을 보유하고 있는가?

② 유사한 공사의 수행 실적이 있는가?

③ 기자재 등의 납기와 전체 공사 기간이 적정한가?

④ 필요한 인력을 보유하고 있는가? 부족하다면 어떻게 동원할 수 있는가?

⑤ 공장이나 장비 등 공사수행에 필요한 설비를 보유하고 있는가? 그리고 그것이 가용한가?

⑥ 계약의 조건에 무리한 요구가 없는가? 즉, 독소조항[4]의 여부이다.

이 중 ④, ⑤번이 문제가 되었다. 설비를 제작할 공장 즉, 내업공장[5]이 요구되는 물량을 해소할 수 없을 것이라는 것이다. 당시에는 코로나 팬데믹으로 용접사 등의 필수 기능직 인력이 대거 유출되고 있었는데, 특히 전자와 정유기업에서 대규모 공장을 신설하면서 이들 필수 인력 유출 흐름이 가팔랐다. 지금 당장도 인력 부족으로 내업공장의 공정이 지연되고 있기에 추

---

4 계약서에서 독소조항(毒素條項, Poison Pill)은 계약 당사자 중 한쪽에 불리하거나 불공평하게 작용할 수 있는 조항을 의미한다. 이러한 조항들이 계약서 일부로 포함되어 있을 때, 특정 상황이나 조건하에서 심각한 부작용을 초래할 수 있다. 독소조항은 일반적으로 한쪽 당사자의 권리를 지나치게 제한하거나, 과도한 의무를 부과하거나, 불균형한 권한을 제공하는 형태를 취한다.

5 내업공장은 공정 특성으로 인해 조선소 등의 공장 내부에 위치하여 장치·제작 등을 담당하며, 외업은 내업공장에서 제작된 장치나 블록 등을 조립 및 설치하는 작업으로 공장 내부가 아닌 야드(Yard)에서의 작업을 말한다.

가 공사를 처리한다는 것은 아무래도 불가능하다는 의견이 나왔고, 몇몇 동조자까지 합세하자 '상황이 좀 어렵네'라는 우려가 우려를 넘어 부정적인 분위기로 급변했다.

필자는 문제가 되는 부족한 내업공장의 제작 능력을 파악해서 해결책을 찾고자 하였으나, 이미 부정적인 선입견으로 부문과 팀의 의견을 종합한 부서장들은 이야기를 들으려 하지 않고 빨리 결론지으려 하였다.

"상황이 뻔한 데 그걸 일일이 구체적으로 따져 봐야 아나요? 내업공장에서 물량 처리가 안 된다니까요.", "그리고 만약에 무리하게 공사 추진해서 문제가 되면 누가 책임을 질 수 있습니까?"라는 다소 험한 말도 나오게 되었다.

당시만 하더라도 해외 공장에서 물량을 처리하는 것은 매우 생소한 것이었다. 게다가 당시 내업공장은 해양 부문뿐 아니라 조선의 물량도 함께 처리하고 있는 실정이어서 공정 안정성을 최우선을 여겼던 담당자들은 이를 달가워하지 않았다.

어려운 상황에서도 신규 공사를 추가로 수주하다

협상하는 과정에서 좁혀지지 않는 이견으로 인해 만족할 만한 해결 방안이 보이지 않으면 가장 먼저 할 일은 대화를 멈추는 것이다. 필자는 더 이상의 진전이 어렵다고 판단하여 일단 회의를 중단하였다.

"알겠습니다. 오늘은 일단 신규 공사 내용을 설명하는 자리이고 결론을 내는 자리는 아닙니다. 좋은 의견이 많이 나왔으니 그 내용을 조사하여 추가 검토를 하는 것이 좋겠습니다."

라고 하고 회의를 마쳤다. 문제 해결을 위해서는 우선 내업 공장에서 처리 가능한 물량을 확인하는 것이 급선무였다. 그래야 부족한 물량을 처리하는 해결책을 마련할 수 있기 때문이다. 이에 따라 내업공장을 운영하는 실무 담당자들을 초대하여 연도별 내업공장에서 가장 많은 물량을 처리한 경우와 최소 물량을 처리한 경우로 구분하여 파악하고, 최대 가동 시 투입해야 할 인력을 파악해서 내업공장의 적정 제작 능력을 확인할 수 있었다.

그러나 회의에 참석한 실무자들도 이미 이전 회의의 분위기를 감지하고 온 터라 자료를 공개하거나 의견을 내는 것을 꺼렸다. 필자는 회의 분위기를 바꾸기 위해 가벼운 의견을 나누는 형태로 진행하여 편안하게 의견을 개진할 수 있도록 유도했다. 결국 그들 스스로 적정한 기준을 제출하였고, 예상보다 조금 보수적인 결과가 나오긴 하였으나 다행히 누구나 인정할 수 있는 기준을 마련할 수 있었다.

기존 물량과 신규 공사로 소요되는 물량을 합치니 내업공장의 처리 가능 물량을 훌쩍 뛰어넘었다. 신규 물량의 절반가량은 외부로 돌려야 했다. 이후 국내외의 모든 가용한 제작장을 검토하였고, 우리가 원하는 조건으로 중국의 한 조선소를 활용하는 안을 만들 수 있게 되었다.

이 해결책으로 입찰계획 검토 회의는 다시 열렸고, 공사 수행 방안을 포함한 입찰계획은 승인받을 수 있었다. 노력한 대가인지 입찰은 낙찰이라는 낭보로 이어졌고, 결국 어려운 상황에서도 신규 공사를 추가로 수주할 수 있게 되었다.

가장 큰 위기 요인은 '부정적 견해'

계획에서 낙찰로 이어진 사업 과정을 복기하면 다음과 같다.

입찰 물량 제작 능력 검토 → 처리 능력에 대한 부정 견

해 도출 → 내업공장의 제작량 확인 → 외부 공장 조사 →
계약 가능 업체 확보 → 응찰 → 낙찰

위 사업 경로에서 가장 큰 위기 요인이 있었다면 바로 '내부 처리 능력에 대한 부정적 견해'가 도출된 시점이며, 가장 큰 기회 요인은 '외부 공장 조사 결과 계약 가능 업체를 확보'했다는 것일 터이다. 물론 모든 일이 단순하게 흘러가진 않지만, 만일 초기 입찰계획 수립 과정에서 "현재의 우리 역량으로 해당 입찰을 수행할 수 없다."는 결론이 내려졌으면 어땠을까. 회사 입장에선 중대한 손실로 이어졌을 것이며, 더 중요하게는 무형의 손실이 있었을 것이다. 즉, 당장 해결 어려운 입찰에는 응찰하지 않는다는 보수적 관행이 자리 잡았을 것이다.

물론 다른 상황도 생각해 볼 수 있다. 부정적 의견이 다수가 된 상황에서 리더가 고압적으로 제작 물량을 확인하라고 지시하거나 해결 방안을 내오라고 지시했다면 어땠을까? 상호 간의 불신으로 조직력은 약화되고 팀장들의 부정적인 태도로 원하는 결과를 얻지 못했을 가능성이 있다.

그렇다면 처음부터 국외에서 처리 가능한 물량을 조사하라고 지시했다면 어땠을까? 이는 국내 처리 물량에 대한 과학적 타산도 없이 외국부터 조사하게 만드는 비합리적 처사가 될 것이다.

리더를 만드는 말, 어서 와! 고마워!

부정적 의견을 해결할 수 있었던 방법

돌아보면, 자체 제작 역량을 강화하기 위한 기획은 순리대로 진행되었다. 그런데 이 순리적 과정이 가능했던 것은 전반적인 부정적 의견(주관성)을 넘어 객관적 조사를 통한 과학적 근거를 확보할 수 있었기 때문이다. 위 과정에서 신규 공사를 반대한 전체적인 부정적 의견을 해결할 수 있었던 방법은 다음과 같다.

① 격화된 부정적인 분위기를 진정시키기 위해 회의 중단

② 회의 대상을 실무자로 변경하여 검증된 데이터로 정량화된 논리적인 자료를 확보

③ 회의 분위기를 편안한 분위기로 바꾸어 참석자들이 스스로 의견을 내어 결정하게 한 것

Chapter 4

듣고 공감하고
질문하라

인사평가에 대한 불만을 이야기하는 자리이니 분위기는 매우 어색하고 불편한 자리였다. 당시 필자 또한 관행적으로 응대했다. 인사평가가 얼마나 공정하게 진행된 것인지를 객관적인 자료로 설명하는 것이 최선인 줄 알았고, 그 설명에만 집중한 것이다.

경청을 통한 공감

소통하고 싶다면 경청하라!

　필자는 대화와 소통을 다른 것으로 생각한다. 대화는 일방적일 수 있으나 소통은 함께 나누는 것이다. 소통하고 싶다면 경청하라! 리더의 커뮤니케이션에서도 가장 중요한 것은 '경청'이다. 커뮤니케이션은 결국 듣고 말하기의 반복이다.

　내 이야기를 잘 들어 주는 사람을 좋아하는가? 본인 이야기를 많이 하는 사람을 좋아하는가? 미국 작가인 데일 카네기는 그의 저서 『인간관계론』에서 다음과 같이 말했다.

　"대화를 잘하는 사람이 되고 싶다면 다른 사람의 말을 세심하게 경청할 줄 알아야 한다. 찰스 노섬 리(Charles Northam Lee)가 말한 대로 '관심을 얻고 싶다면, 관심을 가져라.' 상대방이 기분 좋게 대답할 만한 질문을 하고, 그 사람이 자신과 지난 업적을 이야기하도록 격려해야 한다."[1]

경청은 한자어로 '기울일 경(傾)'과 '들을 청(聽)' 자다. 경청은 말을 공손하게 귀 기울여 듣는다는 뜻이며 상대방을 존중하고 이해하려는 자세의 표현이기도 하다. 상대방이 무엇을 말하려 고 하는지, 그 말 뒤에 숨겨진 감정은 무엇인지 파악하려는 노 력을 포함한다. 실제로 상대의 고민을 잘 들어 주는 것만으로도 상대는 감정적 안정감을 느끼고 스스로 해결책을 찾는다. 특히 돌발 상황에 대처해야 하는 직장 내 원활한 소통은 무엇보다 중 요하다.

공감하는 것이 동의하는 것은 아니다

가끔 공감이 '동의'로 잘못 전달될까 봐 조심하는 경우가 있 다. 필자가 새내기 팀장 시절이었던 2001년, 매년 진행되는 인 사평가에 대한 이의 신청이 들어와서 팀원들과 면담하게 되었 다. 인사평가에 대한 불만을 이야기하는 자리이니 분위기는 매

1   데일 카네기(2023). 인간관계론. 박선영 역. 상상스퀘어. p. 174.

우 어색하고 불편했다.

당시 필자 또한 관행적인 방법을 따랐다. 즉, 회사의 인사평가가 얼마나 공정하게 진행되었는지 객관지표로 잘 설명하는 것이 면담을 잘하는 것이라 여기고 설명에만 집중한 것이다. 직원은 자신이 노력한 점과 어려웠던 점 등을 호소하고자 하였으나, 팀장인 필자는 이야기를 잘 들어 주면 인사평가에 문제가 있음을 인정한다는 오해를 줄까 봐 평가 기준만을 설명하려 했다. 그러면서 필자가 직원에게 했던 말은 아마 직원의 마음을 더욱 무겁게 했을 것이다.

"본인 입장은 이해가 되는데 그건 본인 개인 생각이고
실제 회사의 평가 시스템은 객관적인 자료로 진행이 되는
것이니까 받아들이세요."

면담을 마친 필자의 마음 역시 편치 않았다. 팀원들은 분명 인사평가에 대해 답답한 마음으로 무엇인가 위로라도 받고 싶은 심정으로 필자를 찾아왔을 것이다. '뭔가 더 좋은 방법은 없을까?'라는 복잡한 생각이 필자의 머릿속을 떠나지 않았다. 그러던 중 새로 팀장이 된 이들을 대상으로 한 회사의 리더십 교육에서 '경청을 통한 공감'이라는 내용이 유독 가슴에 남았다.

리더를 만드는 말, 어서 와! 고마워!

'그래, 무엇보다도 먼저 직원들의 마음에 공감해 주는 것이 중요한 거야!'

그들의 불만과 답답한 심정을 끝까지 듣고 공감해 주는 것이 동의하는 것과는 분명히 다른 것이라는 생각으로 정리되면서 필자의 면담 방식은 바뀌게 되었다. 자연스럽게 경청을 통한 공감을 우선하는 것으로 바꾼 것이다.

불만을 토로하러 온 자리가, 자기계발의 동기 부여 자리로

먼저 직원들이 본인의 이야기를 끝까지 할 수 있게끔 맞장구를 쳐 주며 공감을 해 주니 신기하게도 면담 중 대부분 직원은 본인만 이야기했을 뿐인데도 어느 정도 마음이 풀렸는지, 필자가 인사평가 기준 등을 설명하려 하면, "들어 줘서 고맙습니다. 제가 우선 부족한 면을 개선해 보겠습니다."라며 마음을 여는 경우가 많았다.

따라서 필자는 그 직원의 부족한 면을 설명해 줄 수 있었고, 또한 그 부족한 부분에 대한 개선 계획도 함께 고민하는 자리가 되었다. 불만을 토로하러 온 자리가 어느새 자기계발의 동기 부여 자리로 변해 가며 필자는 더욱 제대로 된 공감을 표현하려 부단히 노력하였다.

리더를 만드는 말, 어서 와! 고마워!

그들이 회사에 절망하는 순간

직원이 회사에 느끼는 소통의 장벽

기업에서 연봉 협상의 근거로 활용하는 인사고과(人事考課)에 대한 설명을 듣거나 연봉 협상하는 과정에서 직원들은 매우 감정적인 변화를 겪게 된다. 높은 근무평점으로 인해 승진 경로를 보장받거나 더 높은 연봉을 받게 된 직원은 새로운 의욕으로 불타오를 것이고, 반대로 자신의 노력이 회사로부터 부정당했다거나, 자신의 성과를 상급자가 가로채어 정당한 평가를 받지 못하고 있다는 직원은 이직을 고민할 수 있다. 회사가 자신의 가치를 인정하지 않는다고 느끼는 것이다.

그렇다면 대부분의 직원은 회사로부터 자신의 성취와 관련 없이 늘 좋은 평가와 격려를 원할까? 성장 가능성이 높고 전문성과 관련한 경쟁이 치열한 직종에서 일하는 직원들은 그렇게 받아들이지 않는다. 실제 많은 설문 조사에서도 직원이 회사에 느끼는 '소통의 장벽'은 제대로 된 설명을 듣지 못했다는 것에 있었다.

기업 내에서 소통과 참여가 주는 효과

미국의 한 금융회사 직원들을 상대로 한 인터뷰 연구 결과가 있다. 연봉 협상 이후 회사를 떠난 그룹과 회사에 잔류한 그룹을 대상으로 진행한 심층 인터뷰에서 이직을 결심한 이들은 연봉에 대한 불만족 때문에 떠났을 것으로 짐작했지만, 실제로는 그것이 전부가 아니었다.

떠난 그룹은 모두 소통의 문제를 들었다. 자신의 업무 성과와 노력에 대해 상사가 왜곡된 보고를 하거나 그 위의 상사 역시 실상을 잘 모르고 있다는 사실에 절망감을 느꼈다고 했다. 인사평가의 공정성 문제 역시 제기되었다. 공동의 작업물이 특정인의 공으로 돌아가거나, 자신에게 다른 팀을 지원하라고 지시해놓고는 막상 본연의 업무평가에선 낮은 점수를 주는 사례, 명료하지 않은 인사평가로 인해 평소 미운 짓만 골라 하는 이가 승진의 기회를 얻었을 때, 이 조직에 더는 미련을 가지지 못했다고 답했다.

리더를 만드는 말, 어서 와! 고마워!

반대로 낮은 연봉을 제시받았음에도 회사에 잔류했던 이들은 자신이 제출한 좋은 아이디어는 바로 반영되었고, 비록 부족한 아이디어라 할지라도 상사가 다양한 피드백을 주었다는 점을 들어 잔류를 희망했다. 언제든 회사의 중요한 결정에 참여할 수 있고, 회사가 나의 활동에 대해 정확히 알고 있다는 사실로 인해 그들은 조직에 대한 귀속감이 높아졌다고 한다. 이것이 바로 기업 내에서 소통과 참여가 주는 효과다.

연봉보다 중요한 것은 성장

최근에는 직원 업무의 강점과 약점을 투명하고 과학적으로 설명하면서도, 자신이 회사로부터 배려받고 있다는 확신을 주기 위한 방법 또한 많이 알려져 있다. 대표적으로 커리어 개발 프로그램(Career Development Programs; CDPs)이 그렇다.

중요한 것은 연봉 협상의 결과뿐 아니라 앞으로 해당 직원이 이 회사에서 얼마나 높은 단계의 성취를 얻을 수 있는지, 이를 위해서 회사가 지원하는 솔루션이 무엇이고 직원은 어떤 노력을 할 것인지를 상호 토의하여 성장 프로그램을 함께 짜고 관리하는 것이다. 많은 직원들은 자신이 해당 기업에서 높은 수준으로 성장할 수 있다면, 때로 부족해 보이는 연봉에 따른 근로 기간도 자신에 대한 투자라고 생각하기 때문이다.

맞장구만 잘 쳐 줘도 원하는 것을 얻는다

공감은 상대방이 느낄 수 있도록 표현되어야 한다. 공감을 우선하여 또 하나 효과를 본 사례는 미국 휴스턴에 소재한 S 기업과의 만남이었다. 필자는 원유를 생산하는 해양설비를 설계에서 제작과 시험운전까지 일식(一式, Turn Key 방식)으로 하는 사업을 하면서 많은 외국 기업과 협업을 하였는데, 그중 하나인 미국 업체와의 일이었다.

필자는 미국 업체에서 제공해야 하는 설계가 지연되어 현지에서 회의를 하게 되었다. 필자가 프로젝트 엔지니어링 매니저(Project Engineering Manager)[2] 역할을 하였던 약 16년 전인 2008년의 일로, 당시만 해도 선진국의 기업을 다루는 것은 여간 어

---

[2] 프로젝트 엔지니어링 매니저(Project Engineering Manager)는 프로젝트 엔지니어링 관리자, 즉 설계업무의 대표자를 의미한다. 엔지니어링 업무를 효과적으로 계획, 조직, 실행하고 관리하여 프로젝트의 성공적인 완료를 달성하는 역할을 맡는다.

려운 일이 아니었다. 언어의 한계도 있었고 기술 전문성도 상대적으로 부족하여 번번이 우리가 당하기 일쑤였다.

회의가 시작되자, 상대방인 매니저는 우리의 작은 문제점을 핑계로 자신의 잘못을 우리의 책임으로 전가하며 자신들의 수많은 어려움을 늘어놓기 시작하였다. 이렇게 많은 이유가 있으니 자신들의 설계 일정을 단축할 수 없다는 결론을 내리려는 심산이었다.

그 매니저의 적반하장식 억지스러운 논리에 순간순간 화가 치밀어 오르기도 했지만, 필자는 진지한 태도로 끝까지 얘기를 들어 주었고 간간이 "그렇군요." 혹은 "그 어려운 일을 혼자서 다 처리하나요?"라고 맞장구를 쳐 주며 공감해 주었다.

그렇게 한 시간 동안 일방적으로 말을 쏟아 내던 그 매니저는 뭔가 김이 샌다는 듯한 표정으로 필자를 바라보며 너도 할 말이 있으면 해 보라는 미국인 특유의 몸짓을 해 보였다. 필자는 입가의 미소와 함께 정중한 어조로 이번 미팅의 가장 중요한 메시지를 간단하게 전달했다.

"예, 상황은 잘 알겠습니다. 헌데 우리 일은 언제 끝낼 수 있나요?"

긴 시간 이 한마디를 하기 위해 기다렸던 필자는 단호한 어조로 "다음 주에는 끝내야 합니다."로 응수했고, 결국 그는 미소를 지으며 말했다.

"Yes, I will do my best! Do not worry!"
(네, 최선을 다하겠습니다. 걱정하지 마세요!)

필자는 그저 그가 하는 말을 끝까지 들어 주며 가끔 상황에 맞는 리액션을 보여 준 것이 다였다.

달큰한 소통의 기술

좋은 소통은 질문으로 시작된다

커뮤니케이션의 사전적 의미는 '가지고 있는 생각이나 뜻이 서로 통함'이다. 즉, 뜻이 통하여 오해가 없는 사람과 사람의 소통을 일컫는 말이다. 자신의 직장에서의 행동을 돌아보면 상당히 많은 시간을 소통에 할애하고 있다는 것을 발견하게 될 것이다. 일의 시작과 끝, 모두 소통으로 이행된다. 말하고 듣는 일상적인 대화에서부터 회의나 브리핑, 메일, 통화, 보고서 같은 문서 커뮤니케이션까지….

이렇듯 조직에서의 커뮤니케이션은 단순히 정보를 주고받는 행위를 넘어서 조직의 성공과 성장에 결정적인 역할을 한다. 효과적인 커뮤니케이션은 조직의 목표 달성, 팀워크 강화 그리고 조직문화 조성에 중요한 기여를 하게 된다. 따라서 커뮤니케이션 역량은 리더가 갖춰야 할 가장 중요한 역량 중 하나이다.

좋은 소통은 질문으로 시작된다. 그렇다면 어떤 질문이 상대방의 마음을 열고 자신의 이야기를 할 수 있는 좋은 질문일까? 필자가 활용한 질문하는 방법을 정리하면 다음과 같다.

■ 의도 없이 질문하라

상대방이 자신의 이야기를 하도록 독려하려면 질문자의 생각이나 의도가 없어야 한다. 이를 전문가들은 '가치중립성'이라고 표현하며 질문을 할 때 특정한 가치관이나 선입견, 편견이 반영되지 않도록 하라는 것이다. 즉, 질문에 대한 답변이 왜곡되지 않도록 하기 위함이다.

또한 상대가 말을 하고 있는 순간에도 다음에 자신이 할 말을 생각하고 있는 것 또한 나쁜 습성이다. 이미 예정된 방향으로의 결말을 구상한 상태에서의 질문은 상대를 오히려 불쾌하게 만든다.

■ 경청하라

질문을 한 후에는 상대방의 대답을 주의 깊게 듣는 것이 무엇보다도 중요하다. 경청은 대화 상대가 존중받고 이해받고 있다고 느끼게 하며, 그 대답에서 더 많은 정보와 의미를 추출할 수 있게 한다.

■ 상대방의 관심사에 대해 질문하라

훌륭한 지도자들은 사람의 마음을 얻는 가장 좋은 방법에 대해 상대가 소중하게 여기는 것에 관해 이야기하는 것이라고 한다. 상대가 좋아하는 관심사로 이야기가 진행된다면 자연스럽게 상대방은 즐겁게 이야기를 하게 될 것이다.

■ 명확한 목적을 가지고 질문하라

답변이 왜곡되지 않게 하려면 의도는 없어야 하나 반드시 질문에는 목적이 있어야 한다. 목적이 없는 질문은 해답도 없는 막연한 답변밖에 될 수 없다. 물론 질문에는 단순한 호감을 나타내기 위해 궁금한 점을 묻는 질문도 있지만, 직장과 사업에 관한 것이라면 목적이 뚜렷해야 한다.

"도대체 불만이 무엇인가?"라고 묻는 것과 "현재 업무에서 고충이 무엇인가?" 또는 "회사가 어떤 종류의 지원을 하였으면 좋겠는가?"를 묻는 것은 그 목적에서부터 확연한 차이를 드러낸다. 사업에 관한 것이라면, "현황이 어떻게 되나?"라고 묻기보다는 "이러한 문제를 보고받았는데, 현재 달라진 현황이 있는가?" 내지는 "팀에서 나온 해결 방안과 아이디어가 궁금하네!"라는 식으로 질문을 할 때 답변 또한 좁혀진다.

■ 긍정적이고 감정을 반영하여 질문하라

긍정적인 질문을 사용하면 상대방을 격려하고 대화를 긍정적인 방향으로 이끌 수 있게 된다. 대화 상대의 감정이나 느낌을 반영하는 질문을 통해 공감과 이해를 표현할 수 있다.

■ 상대와 타이밍을 구분해서 질문하라

아무리 좋은 질문이라도 상대방의 성별, 나이, 직업 등의 개인별 특성에 적합한지 구분해야 하며 질문에 적절한 시점을 잘 파악하는 것이 중요하다.

질문이 자유로운 조직은 성장 가능성이 무한하다

소통을 잘하기 위한 올바른 질문 방법은 대화의 효과를 높이고, 정보를 깊이 있게 파악하며, 상호 이해를 증진하는 데 중요한 역할을 한다. 질문은 단순히 정보를 얻기 위한 수단이 아니라, 대화 상대에게 관심을 보이고, 생각을 자극하며, 관계를 강화하는 수단이 될 수 있다. 따라서 질문이 자유로운 조직, 자신의 생각을 자유롭게 말할 수 있는 조직은 그만큼 성장 가능성이 무한한 조직이 될 것이다.

커뮤니케이션이 생각보다
어려운 이유

인식의 차이, 정보의 과부하가 소통을 방해한다

우리가 늘 하는 것이 소통이고 커뮤니케이션이지만, 실제로 구체적인 관계에서 좋은 커뮤니케이션을 구현하는 것은 쉽지 않다.

가장 큰 이유는 바로 인식의 차이다. 사람마다 관심사와 가치관 그리고 감성이 다르기 때문이다. 사람들은 종종 자신의 인식 체계에 맞지 않은 정보들은 무시한다. 그래서 자신의 시각을 뒷받침하는 정보만을 선택적으로 수집하고 기억한다. 결국, 커뮤니케이션에서 인식의 차이가 갖는 중요성은 아무리 강조해도 지나치지 않을 것이다. 따라서 상대방의 인식과 감정을 고려하는 '역지사지(易地思之)'의 마음이 중요하다.

또 한 가지는 정보 과부하로 인한 것으로, 실제 커뮤니케이션에서 빈번히 많이 발생하는 문제이다. 현대의 조직에서는 이메일, 메신저, 회의 등 여러 커뮤니케이션 채널을 통해 대량의 정보가 교환된다. 정보의 과부하는 구성원들이 중요한 메시지를 놓치거나 우선순위를 잘못 설정하는 원인이 될 수 있으므로 반드시 상호 확인하는 것이 중요하다.

성공적인 간담회의 준비와 진행

필자의 구체적인 소통 사례 몇 가지를 소개해 본다. 필자가 담당 임원 시절 대면 기회가 적은 비직책자들과의 소통을 위해 정기적으로 실시한 간담회 사례다. 부서장 그리고 팀장 등 소위 직책자들과는 회의나 업무 보고를 통해서 수시로 소통을 하고 있으나, 직급이 낮거나 직책이 없는 일반 팀원들과는 만날 기회가 많지 않아 의도적으로 간담회를 가졌다.

간담회의 목적은 상대적인 지위의 차이로 인해 기존의 관행대로 보고나 적극적인 소통을 하지 못하는 풍토를 개선하기 위함이었다. 서로에 대한 친밀감을 높이고 부서를 넘어 부문 단위에서 막히는 영역 없이 소통할 수 있는 문화를 만들기 위한 첫걸음이기도 했다.

리더를 만드는 말, 어서 와! 고마워!

■ 간담회 대상

팀별, 공사별, 직급별 등으로 나누어 실시했다. 참석자들이
서로 잘 알고 일종의 연대감이 있는 여러 사람이 함께 간담회에
참석하면 필자와의 간담회에 대한 부담이 줄어들 것으로 판단
했다.

■ 간담회 일정

간담회는 상대적으로 업무 부담이 적은 금요일로 정하고, 점
심시간 직전으로 정해서 티타임 후 바로 점심을 같이하는 식으
로 정했다. 직원들의 업무 부담을 최소화하고 특별한 커피와 점
심을 제공하는 방법을 활용했다.

■ 간담회 내용

참석자가 자신의 자랑을 한두 가지 말하고 칭찬하고 싶은 사
람을 지목하여 칭찬해 주는 것으로 진행했다. 필자는 그저 진
행자로서 몇 가지 규칙만을 정해 주었다. '칭찬의 대상자는 한
사람으로 하되 최대 두 사람을 넘지 않아야 하고, 칭찬의 이유
는 3가지 이상을 말해야 하며 반드시 상대와 눈을 마주 보며 할
것, 마지막으로 진행자인 필자는 칭찬 대상자에서 제외됨'으로
하였다.

실제 간담회 전에는 간담회 내용과 방법을 공개하지 않았다. 처음 간담회에 참석한 직원들은 경직된 모습으로 자신의 업무 내용을 보고할 준비를 하고, 담당 임원의 지시나 훈계를 메모할 준비를 해 온 상황이었다. 하지만 뜻밖의 간담회 진행에 모두가 놀랐고, 어색하게 진행된 칭찬하기 릴레이는 이내 웃음이 넘치는 화기애애한 분위기로 진행되었다. 이 이상한 간담회는 이내 다음 팀들에 소문이 났고 모든 그룹을 대상으로 실시한 간담회는 즐겁게 진행되어 필자의 회사 생활의 보람 중 하나로 자리매김하였다.

이렇듯 여러 가지로 포맷을 바꾸어서 진행된 간담회는 참석자의 대상을 다양하게 조합하여 실시하였고, 간담회 장소나 점심 식사도 여러 장소를 활용해서 변화를 주었다. 물론 간담회 내용도 업무 향상과 조직의 발전과 관련된 내용으로 심화해 나갔다.

지금도 필자를 웃게 하는 에피소드 중 하나로, 간담회 후에 함께할 점심 식사를 당시 우리 회사 대표이사께서 즐겨 드시는 초밥 도시락을 제공해 직원들의 폭발적인 반응을 일으켰던 일도 있었다.

필자가 직원들과 시행한 간담회를 통해 정리된 소통 방법은 다음과 같다.

① 상대방을 심리적으로 편하게 하라(업무가 적은 금요일 점심시간, 동료들과 함께 참석).

② 상대방의 관심사에 관해 이야기하라(본인과 동료가 주체).

③ 상대방이 이야기하게 하라(본인의 자랑과 동료에 관한 이야기).

④ 상대방의 이야기를 경청하라(진행자 역할).

⑤ 상대방이 자신을 존중한다고 느끼게 하라(간담회의 주인공, 사장님 도시락).

⑥ 계획과 목적이 있음을 보여라(매주 금요일 정기적으로 실시).

Part 2

고마워
리더십

당장 오늘부터 적용할 수 있는
최고의 실전 리더십

존경하는 만큼
배워라

리더 혹은 전문가가 되기 위해선 롤 모델과 멘토의 존재는
필수이다. 멘토는 나를 지지해 주는 역할뿐만 아니라 나에
게 다양한 세상을 경험할 수 있게 기회를 제공하기도 한다.

사표(師表),
권오갑 회장님

롤 모델, 멘토의 중요성

"롤 모델 혹은 멘토가 있습니까?"라는 질문에 많은 직장인이 "아니요!" 또는 "부모님이요."라고 답한다. 그런데 개인차는 있겠지만 롤 모델과 멘토의 유무에 따라 개인의 발전 속도와 조직 내 적응력은 많이 달라진다.

필자가 학연도 지연도 없는 울산의 HD현대중공업에 평사원으로 입사하여 직책과장과 부서장을 거쳐 임원으로 승진하고 부문장에까지 오를 수 있었던 가장 큰 힘 중 하나는 순간순간 단계별 롤 모델을 만들어 그 롤 모델처럼 되고자 부단히 노력한 것이다.

특히 HD현대중공업 그룹 권오갑 회장님의 경영철학과 가르침이 큰 뒷받침이 되었다. 회장님은 1978년 현대중공업 평사원으로 입사하여 대표이사와 부회장을 거쳐 그룹의 회장까지 유

지하고 있는, 국내 최고의 기업인 중 한 분으로서 필자의 부서
장과 임원 시절 롤 모델이기도 하다.

권오갑 회장님의 경영철학과 가르침

회장님께서는 평소 '리더의 역할', '사람의 중요성' 그리고 '경
영'의 중요성을 강조하시고 아래와 같은 조언을 주셨다.

■ 첫째, 리더의 역할

작은 것에 집착하는 쩨쩨한 리더와 우유부단하여 결단하지
못하는 리더는 모두를 사지(死地)로 몰아넣을 수 있으니 이를
경계해야 한다. 또한 리더는 내가 잘하는 것도 중요하지만, 조
직을 어떻게 이끌어 나가느냐가 더 중요하다. 따라서 리더는 구
성원의 마음을 움직일 수 있어야 한다. 그러기 위해서는 리더는
여유를 가져야 하고, 성공에 대한 확신을 솔선수범을 통해 보여
줘야 한다. 리더가 꿈을 꾸면 꿈에 그치지만, 모든 직원이 같은
꿈을 꾸면 현실이 된다. 열심히 달리고 있는데 힘들지 않다면
내리막길을 가고 있는 것이다. 이처럼 리더는 항상 두려움과 겸
손함을 유지해야 한다.

■ 둘째, 사람의 중요성

항상 최고의 인재를 찾아야 한다. 모든 것의 시작은 사람이고 끝도 사람이다. 열심히 일하는 직원들에게는 성취감을 갖도록 해 주어야 한다. 그러면 더 높은 생산성을 올릴 수 있을 것이다. 영어의 Think와 Thank의 어원이 같은 것처럼, 우리가 조금만 생각(Think)한다면 서로에게 감사(Thank)할 일이 많은 법이다. 만일 오늘 나에게 불행이 닥쳤다면, 그것은 과거 언젠가 내가 잘못 보낸 시간에 대한 대가일 수 있다. 그만큼 지금의 내가 어떻게 하고 있는지가 중요하다.

■ 셋째, 경영

경영의 기본은 생존이며, 이익 실현이다. 얼룩말은 무리에서 낙오되는 순간 사자에게 잡아먹힌다.

리더로서 가져야 할 자세

이외에도 회장님은 당신의 풍부한 경험의 바다에서 언제든 내 상황에 걸맞은 요긴한 말씀을 주셨다.

"가장 바쁜 사람에게 가장 중요한 일을 시켜라(If you want something done, ask a busy person)."

"계획만으로 이루어지는 것은 없다. 모든 것은 실천이 필요하다."

"우리가 길을 갈 때 큰 바위보다는 작은 돌부리에 걸려 넘어진다. 마찬가지로 어떤 조직에도 사각지대가 있다는 생각을 해야 한다."

"'차이'가 나는 회사보다는 '차원'이 다른 회사를 만드는 것이 중요하다."

위의 이야기는 회장님께서 기업의 관리자, 즉 리더로서 가져야 할 자세를 강조하신 말씀들이다. 필자가 무엇보다도 직원들을 위하는 마음을 가지게 되고, 늘 여유를 가져서 모든 직원을 반겨주는 나름의 철학을 더욱 확고히 하게 된 배경이기도 하다.

또한 '가장은 집에 갈 때 빈손으로 가면 안 돼, 뭐라도 들고 가야지!'라며 회동 자리에 늘 선물을 준비하시어 전해 주셨다. 이것은 필자에게 조직에서 리더의 역할뿐만 아니라 집에서 가장의 역할도 되새겨 늘 실천할 수 있는 계기가 되었다.

공구세트 선물에 담긴 의미

특히, 회장님께서 현대중공업 대표이사로 부임하신 지 3년이 되던 2017년 임원 조찬회에서 위기 극복과 혁신을 강조하시며 전 임원에게 공구세트를 선물하신 것이 기억에 남는다. 당시 조선 및 해양 산업의 침체기로 회사의 경영 상황이 좋지 않았고 노사 문제까지 겹친 위기의 상황이었다. 임원들 스스로 집을 수리하듯이 회사의 주인이 되어서 낡고 고장 난 부분을 직접 수리하고 과감히 혁신하라는 의미로 공구세트를 주셨다.

필자도 공구 세트를 선물로 받고 내 집을 수리하듯이 맡은 업무에 낡고 수리가 필요한 부분을 찾아 수리할 리스트를 만들어 하나씩 개선해 나갔던 기억이 있다. 지금도 그 공구세트를 언제든 꺼내 쓸 수 있도록 집 출입문의 신발장에 두고 늘 변화하고 개선하는 마음을 가슴속에 담고 있다.

또, 회장님께서는 해마다 연말이 되면 모든 그룹의 임원들에게 일일이 메일을 보내서 임원들의 의견을 친필로 작성하게 하여 이를 모아서 인사나 경영방침에 반영하였다. 친필로 작성하는 것이니 가로세로 정열도 하여야 하고 오자도 없어야 해 정성을 다해서 쓰지만, 쓰고 나서 보면 맘에 들지 않아 몇 번을 다시 써야 했다.

그 과정에서 1년을 되돌아보며 올바른 인사와 경영에 대해서 깊이 생각할 수 있어 회장님께서 군이 친필로 작성해서 보내라는 의중을 새삼 깨닫게 되었다. 필자도 이를 본받아서 중요한 일을 결정할 때는 늘 관련된 모든 직원의 의견을 수렴해 반영할 수 있게 되었다.

> "임 전무가 조선에 있었으면 사장까지는 할 사람인데 해
> 양 쪽에 있어서…, 그동안 수고 많이 했어!"

많은 사람이 모인 임원 퇴임식에서 회장님이 필자에게 해 주신 위로와 격려의 말씀이다. 회장님의 이 말씀은 필자가 상실감에서 벗어나는 데 큰 위로가 되었다.

멘토는
단계마다 필요하다

평사원 시절, 현대맨으로서 자리 잡게 되다

필자에겐 앞서 언급한 회장님이라는 롤 모델 외에도 직급이 올라갈 때마다 멘토 또한 있었다. 그들은 평사원 시절부터 나에게 영향을 주었고, 새로운 시야를 열어 주었다.

1992년 석사 학위 취득 후 생애 첫 직장인 현대중공업을 신입사원으로 입사하여 업무를 배울 때의 일이다. 당시 필자는 서울에서 학교를 마치고 생면부지인 울산에 홀로 내려와 회사의 독신자용 기숙사에서 살았다. 모든 것이 낯설었기에 서울이 그리웠고, 한 일이 년 지나면 반드시 서울로 올라가겠다는 마음도 먹었다. 하지만 일은 제대로 배워 보자는 마음이 더 컸기에 울산에 머물렀다.

그런데 일은 해도 해도 끝이 없었다. 오늘 열심히 해서 내일은 좀 여유 있게 해야지 하면 내일엔 더 많은 일이 책상에 놓여

있곤 했다. '그래 좋다. 누가 이기나 해 보자!'라는 오기로 매일 늦은 밤까지 일에 매달리고 주말에도 대부분 회사에서 일을 쳐 내기 바빴다.

어쩌다 잔꾀가 나서 주말에 술 마시고 늦잠을 자고 있으면, 선임인 대리님이 기숙사로 찾아와 나를 깨웠다. 물론 소 굴레를 채우듯 나를 강제로 회사에 데려간 것은 아니다. 일을 하나씩 배우다 보니 보람도 있고 조금씩 성취감도 생겨서 일 욕심이 부쩍 늘었던 시절이었다. 선임을 따라 주말에도 회사에 가는 것이 내심 싫지만은 않았다.

시간이 흐르면서 서울로의 복귀 생각은 점차 사라졌다. 일에만 더욱 집중하게 되었다. 필자를 이렇게 만든 사람이 당시 필자의 선임인 Y 대리님과 R 대리님이다. 낯선 새로운 환경에 잘 적응하지 못하는 필자를 위해 잡념 없이 일에만 집중할 수 있게 만들어 준 고마운 멘토였다. 덕분에 필자는 2년 반 만에 첫 승진인 대리로 진급도 하고, 현대맨으로서 자리를 잡아 나갈 수 있게 되었다.

직책과장 시절, 격려와 기회를

직책과장 시절의 멘토로는 Y 부서장님과 K 부서장님이 있다. 과장 3년 차인 2001년에 직책과장의 보임을 받았는데, 당시 직책과장이 차장 이상의 직급이 대다수임을 고려하면 파격적인 처우였다.

의욕이 넘쳐 일하는 과정에서 시행착오를 범하기도 하였다. 그럴 때마다 두 분 부서장님은 필자의 실패를 책망하거나 노력을 깎아내리지 않으셨다. 오히려 그 실패를 통해 새로운 도전을 할 수 있도록 격려해 주었다. 또한, 업무로 바쁜 와중에도 장기적인 조직의 성장을 위해서 과감히 필자에게 해외연수의 기회도 가질 수 있게 해 주었다.

앞서 이야기했듯이 리더 혹은 전문가가 되기 위해선 롤 모델과 멘토의 존재는 필수이다. 멘토는 나를 지지해 주는 역할뿐만 아니라 나에게 다양한 세상을 경험할 수 있게 기회를 제공하기도 한다.

필자에겐 신입사원 시절부터 과연 내가 해낼 수 있을까 싶은 벅찬 일들을 맡긴 분이 계시다. 어떤 일은 굳이 해야 하나 싶은 일들도 있었던 것 같기도 하다. 하지만 필자의 성장 과정에서 늘 새로운 일에 도전하며 필자를 빠르게 성장할 수 있게끔 해 주신 C 이사님은 최고의 멘토라 할 수 있다. C 이사님과의 일화는 뒤에서 별도로 언급하겠다.

부서장 시절, 신뢰와 지원으로

2010년 신설부서인 해양토건부를 맡으면서 시작된 부서장 시절에는 P 전무님과 K 대표님이 필자가 새로운 분야의 업무를 할 수 있도록 많은 기회를 주시고 지도해 주셨다. 새로운 해상 설치 부문에서 설치기술, 공사 관리, 해외현장 등 모든 부서를 맡아 업무 전반을 이해하고 다양한 업무 경험을 할 수 있었다.

한번은 이미 수행한 공사의 하자로 발생한 막대한 손해배상 청구소송을 필자에게 맡긴 적이 있다. 필자가 참여하지 않은 공사였기에 경험이 부족했던 필자로선 걱정이 앞설 수밖에 없었다. 전무님은 단번에 당신의 믿음을 보여 주었다.

"임 부장 믿고 맡기는 거고 책임은 내가 지는 거니까 염려 말고 임 부장 생각대로 잘 추진해 봐!"

믿음을 기반으로 한 온전한 위임이 얼마나 큰 동기 부여가 되는지 그 시절 새삼 느낄 수 있었다. 전무님의 말씀이 큰 힘이 되어 그 일을 추진해 나갈 수 있었다. 소송은 P 전무님의 퇴임 후에까지 이어졌다. 필자는 이후 K 대표님께 직접 소송의 진행 상황을 보고했고, 대표님은 업무에 대한 전권을 필자에게 위임하고 필요한 지원을 아끼지 않았다.

이러한 신뢰와 지원으로 소송은 절대적 불리한 상황에서 조금씩 호전될 수 있었다. 열세로 보였던 소송을 장기전으로 이어가며 뚝심과 전략으로 유리하게 마무리하는 모습을 인상적으로 보신 K 대표님은 소송 업무 외에 조직 운영 등에 대한 필자의 제언 또한 늘 반겨 주었다.

대표께서는 임원들이 담당 업무에만 매몰되지 말고 부문과 분야를 초월하여 전체 사업이 성공할 수 있도록 기여해야 한다는 것을 늘 강조하셨다. 당신은 늘 현장을 중심으로 움직이시며 솔선수범했는데, 임원들과 함께 고민하며 노력하던 모습이 지금도 선하다.

임원 시절, 안주하지 않고 성장할 수 있도록

필자가 임원이 된 2016년부터의 멘토로는 당시 대표이사인 부회장님을 꼽지 않을 수 없다. 조선업 발전에 청춘을 바친 조선업 최고의 전문가로서 당시 본인에게는 익숙지 않은 사업이었던 해양사업을 빠르게 이해하셨고, 개선하는 데에 많은 지원을 해 주셨다.

"사업의 특성은 다르지만 모든 사업은 기술로 주도해야 성공할 수 있다."고 강조하시며 해양의 기술 자립을 위해서 불철주야 닦달하시던 모습이 지금도 생생하다. 겉으로는 늘 호된 질책으로 일관하시는 것 같지만, 내심 해양사업의 개선을 위해 애쓰는 직원들을 인정하고 기회를 주신 큰 어른이시다.

또한, 필자의 부문장 시절인 2021년부터 공동 대표이사를 맡으신 사장님께서는 필자가 치열하게 고민했던 리더십을 다시금 돌아보게 하고 필자만의 리더십을 구현해 낼 수 있도록 자극을 주신 분이다. 늘 소통을 강조하셨고 직접 실천하시어 모든 휘하 관리자들에게 일상적으로 실천하는 리더십을 보여 주신, 필자에게는 진정한 실천형 리더로서 남아 있는 분이다.

긴급하고 중대한 문제점에 대해서도 질책보다는 먼저 경청을 통해서 문제를 파악하고, 합리적인 해결책 도출과 재발 방지를 위해 문제를 풀어내시고, 현실에 안주하지 않고 늘 자기계발을 통해서 변화를 추구하고, 변화 관리를 모든 임직원과 공유하여 실천하신 모습은 아직도 이어지고 있다.

두 분 대표이사님께서는 필자가 포기하지 않고 늘 정진하여 해양공사를 개선하고 미래의 신사업을 마련하며 부문장으로까지 성장할 수 있게 이끌어 주신 분이다. 필자가 안주하지 않고 늘 도전을 통해 성장하며 직장 생활을 마감할 수 있었던 것은 지금도 필자가 존경하는 멘토분들 덕분일 것이다.

모든 멘토님, 감사합니다.

고맙소,
나의 동지들

『삼국지』의 유비에게 관우와 장비 그리고 제갈량이 있듯이, 필자에게도 필자가 리더로 성장하는 데 큰 도움이 된 고마운 동지들이 있다. 앞의 『삼국지』의 인물들과 특성과 역할은 같지 않지만, 직원들의 소리(Needs)를 필자에게 가감 없이 전해 주고, 리더인 필자에게 중요한 업무 분야에서 완성도 높은 업무 처리로 필자가 더 크고 장기적인 중요한 업무에 집중할 수 있게 해 준 사람들이다. 다음에 소개하는 동지들은 각기 특정한 업무 영역에서 발군의 능력을 선보였던 사람들이다.

내부 살림, 성실함과 순발력으로

첫 번째는 내부 살림으로, 이 영역에서 특별한 능력을 발휘했던 살림의 귀재 K 부장이 있었다. 내부 살림은 프로젝트의 관

Chapter 1 　존경하는 만큼 배워라　　　　　　　　147

리나 간담회에서 팀 빌딩까지, 부문 내에서 일어나는 모든 일을 계획하고 실적을 취합하여 점검하는 일이다. 공사별 진척도, 공사별 현황과 문제점, 인력 현황, 일정 관리, 회의 자료, 보고 자료 및 기타 행사 등의 일이 해당된다.

리더 업무의 시작과 끝을 모두 관리하는 것으로 성실함과 책임감이 필요하다. 또한, 자료를 적기에 챙겨야 하는 순발력과 센스 역시 필요하다. K 부장은 이러한 자질에선 타의 추종을 불허했다. K 부장의 숨은 노력으로 필자는 적기에 문제의 해결책을 마련할 수 있었다. 특히 긴박했던 순간에 그의 노력은 더욱 빛이 났다.

대외적 네트워크, 필요한 역량을 제때

두 번째 영역은 대외적인 네트워크를 활용하는 일이다. 인적 네트워크의 유무에 따라 초기 사업의 진입 속도는 물론, 중대한 국면에서 필요한 역량을 제때 동원할 수 있다. 이 영역에선 단연 S 부장일 것이다.

내외 조건 변화가 더욱 가파를수록 인적 네트워크는 더욱 중요하다. 특히 처음 도전하는 사업이나 시장조사와 함께 성공 여부를 장담할 수 없을 때, 인적 네트워크를 활용하여 필요한 정보와 자료를 수집해 결정할 수 있는 근거를 빠르게 확보할 수 있다. S 부장은 이러한 일에 특별한 역량을 갖춘 사람이었다.

그는 어느 지점에 어떤 사람이 필요한지를 정확히 알고 있었고, 그를 통해 필요 자원과 정보를 얻어서 분석해 주었다. 그의 능력은 특히 우리 독자 기술로 만든 부유체 해상풍력 모델로 국책 실증사업에 참여하고, 기본 설계를 통해 부유식 해상풍력 사업에 진입하는 데 결정적 도움을 주었다.

발주처 관리, 협상 능력과 중재안

세 번째, 발주처 관리 업무이다. 발주처 관리는 공사별 주요 결정 사안에 대하여 리더가 최종 결정을 하는 데 필요한 중간 단계의 역할이 필요하다. 공사별로 다양한 사안이 발생할 때마다 W 부장은 탁월한 협상 능력과 중재력을 보여 주었다. 그가 나서면 어려운 상황에서도 늘 발주처와 원만한 협의를 할 수 있었기에, 필자는 더욱 중요한 사안에 집중할 수 있었다.

특히 2021년 SHWE 공사[1] 기본설계를 프랑스 파리에서 수행할 당시, 발주처와 설계협력사 인사 간의 불신으로 발주처가 설계사의 변경까지 요구되는 위기 상황이 있었다. 이때 역시 W 부장은 탁월한 중재 능력을 발휘했다.

미얀마 가스전 SHWE 해상플랫폼

---

1   미얀마 벵갈만의 수심 110m의 해저 가스전의 유정(Well)에 압력 저하 없이 가스 생산량을 지속시키기 위해서 추가로 압력을 공급하는 설비 공사를 말한다. 발주처는 국내의 포스코인터내셔널(Posco International Corporation)로 기본설계부터 구매, 제작, 설치 및 시운전을 함께 수행하는 일괄 수주 형태의 공사이다.

네 번째, 전략을 현실화하는 일이다. 의사결정과 문제 해결을 하는 과정에서의 커뮤니케이션 수단인 보고서 작성 등의 업무이다. 리더가 큰 틀로 구상한 내용과 방향성은 팩트에 맞게 구체화 되어야 한다. 이는 리더의 의도를 현실화하는 일로서 의도에 대한 깊이 있는 이해력으로 현실의 다양한 조건에 유연하게 적용하면서도 그 의도를 훼손하지 않아야 한다.

P 부장은 이런 점에서 때로 내 머릿속에 들어와 있다는 생각이 들 정도로 일 처리가 유려했다. 덕분에 필자는 장기적으로 중요한 해양의 비전을 만들 수 있었고, 그 비전도 실천할 수 있도록 체계화될 수 있었다. 특히 비전 설명회 자료를 만들어 모든 직원이 공감하고 실천하게 하는 데는 P 부장의 공이 컸다.

필자가 업무를 마친 후에 간혹 동지들과 함께하는 소주 한 잔은 격의 없는 이야기로 웃음꽃을 피우며 그날의 노고를 달래 주기도 하였고, 때론 필자에게 따끔한 충고를 해 주어 활기찬 논쟁의 자리가 되기도 하였다. 만약 필자 곁에 동지들이 없었다면 사업의 존폐의 기로를 극복하고 새로운 비전을 만드는 길고 힘든 여정을 잘 끌어올 수 있었을까?

왜 동기 사랑이 나라 사랑인지는 아직도 모르지만

동기로부터 위로와 지지를 얻다

1992년 필자는 현대그룹의 신입사원 공채를 통해 동기생 32명과 함께 현대중공업에 입사하였다. 필자를 포함하면 33명이다. 우연히도 대한독립선언서를 낭독하고 서명한 33인의 독립운동가와 같은 인원수라 우린 나름의 의미를 부여하며 자부심을 가지고 있다. 동기 33명은 당시 경기도 용인의 기흥구 마북리(현재의 마북동)에 있는 그룹 인재교육원에서의 신입사원 연수교육을 시작으로 현대중공업맨이 되었다. 출신도 나이도 달랐지만, 동기들은 입사 초기에 서로 의지하고 하소연하며 함께 성장했다.

동기 모임을 입사일인 7월 6일을 따라 '칠육회'라고 명명하고 함께한 지 어언 삼십이 년이 되었다. 한날한시에 똑같이 출발한 청년들은 세월이 지나 직급이 달라지고 이직한 동기도 생겨서 현재는 10명의 모임으로 유지하고 있다. 동기끼리 부서장과 부서원이 되기도 하고 동기가 담당 임원이 되기도 하는 해프닝도 있었지만, 매년 시산제(始山祭)를 시작으로 정기적인 모임과 경조사도 함께하고 있다.

지금도 대학과 직장에서 "동기 사랑이 나라 사랑"이라는 말이 사용되고 있다. 동기 챙기기를 나라 걱정하듯 하라는 뜻인 건 분명한데, 왜 동기 사랑이 나라 사랑으로 연결되는지는 아직도 모르겠다. 다만 동기애가 애국심만큼이나 중요하다는 선배들의 권고였겠지.

같이 입사했기에 동기들은 조직 내에서 어쩔 수 없이 경쟁하기도 하지만, 그들과의 만남은 위계로 꽉 짜인 회사 생활에서 위로와 지지를 얻을 수 있는 유일한 공간이 되기도 한다. 직장 새내기 시절에는 쪽잠을 자며 업무에 적응하려 노력하는데, 이 시기 자기도 모르게 받는 스트레스가 만만치 않다. 방파제를 삼키는 파도 소리를 들으면서 항구의 노포에 앉아 소주잔을 나누며 나눈 우의는 그 시절을 견딜 수 있는 힘을 주었다.

동기는 직장 생활의 든든한 지원자

동기들은 30년 이상의 직장 생활에서 든든한 원군이 되어 주기도 한다. 필자의 승진이 빨랐기에, 동기이면서도 필자가 지휘하던 부문에서 근무했던 S 부장, Y 부장 그리고 D 부장이 그랬다.

사실 동기가 먼저 진급해서 상급자가 된다는 건 서로에게 여간 불편한 일이 아니다. 그럼에도 이들은 나와 진심을 나누었고, 일에 대해서는 기준이 뚜렷했다. 무엇보다 필자가 제시하는 혁신안과 새로운 사업을 늘 선두에서 지지하며 실제 성과로 입증해 주었기에, 필자에겐 천금을 주고도 바꿀 수 없는 벗들이다. 동기 K와 S는 임원이 되어 부문 간 협조가 필요한 상황이 생기면, 늘 자기 일처럼 도와주는 지원자가 되어 주었다.

회사 일을 피상적으로 보면 정연한 조직적 시스템에 의해서 움직이는 것 같지만, 그 안에는 여전히 사람의 협력과 지지, 믿음과 같은 서로에 대한 충성심으로 움직이는 요소도 많다. 특히 대기업의 경우 부서와 부분 간의 칸막이가 때로는 거대한 벽이 되기도 하지만, 서로를 지지할 수 있는 좋은 벗들로 뭉친 사람들에겐 서로에게 부족한 것을 지원할 수 있는 원군이 되기도 하는 것이다. 특히 해양산업이 추락하고 있었을 때 새로운 활로를 찾기 위해 조직의 생존을 걸고 고심하던 그때 동기들은 온 마음을 다해 지지하고 서로를 끌어 주었다. 새로운 해양산업 비전 역시 동기들이 지원이 있었기에 가능했다.

리더를 만드는 말, 어서 와! 고마워!

이제는 모두 머리 하얀 눈을 얹었고, 할아버지 소리를 듣는 동기도 생겼다. 우린 때때로 여행도 함께하며 입사 시절의 순수한 청년으로 돌아가 과거를 추억하며 낭만에 젖기도 한다. 이렇게 서로 손잡고 걸어가는 아름다운 생의 동반자로 남은 것이다.

언제나 변함없는 칠육회 동기들, 우리 손잡고 늘 같이 걷자!

결정적 순간에는
결국 협력업체다

협력업체도 리더가 이끌어야 할 조직 중 하나다

모든 프로젝트는 다양한 공급자로 구성된 Supply Chain(공급망)[2]으로 이루어진다. 대기업 역시 많은 협력업체와 함께 공사를 수행하게 된다. 필자의 조직 또한 설계 협력업체와 함께 공사를 진행하였다. 따라서 조직의 리더가 이끌어야 하는 중요한 또 하나의 조직은 협력업체라고 할 수 있다.

필자가 수행하는 해양사업은 공사 수주에 따른 업무 부하의 기복이 매우 큰 편이다. 이에 따라 요구되는 인력의 변화도 크다. 즉 공사 기간에는 많은 인력이 필요하고, 공사가 이어지지 않으면 바로 인력을 축소해야 한다. 2010년대 중반부터 국제 유

---

2 제품 또는 서비스를 생산하고 고객에게 제공하는 과정에서의 모든 활동과 관련된 네트워크이다. 이는 원자재부터 제품이 소비자에게 도달할 때까지의 모든 단계를 포함한다.

가의 하락과 더불어 이어진 코로나 팬데믹 장기화로 해양사업은 급속도로 축소되었다. 비교적 많은 투자를 해 온 국내 해양플랜트 사업의 급격한 축소는 관련 업계에 큰 충격을 주었다.

이렇게 사업 축소로 일감이 급격히 줄어드니 협력업체 또한 휘청거렸다. 실제로 몇몇 협력업체는 업종을 전환하거나 폐업을 맞기도 하였다. 무엇보다도 사업을 유지하기 위해서는 협력업체도 함께 이 어려운 시기를 잘 극복해서 생존하는 것이 절실한 상황이었다.

원청과 하청 관계가 아닌 동반의 관계로 위기를 넘다

필자는 당시 모든 협력업체의 대표를 초대하여 앞으로의 일의 양과 기간을 정확히 공유하여 업체와 함께 준비해 나갈 수 있도록 하였다. 이후 업체와의 협력으로 계획된 신규 공사를 시작은 하였으나 그동안의 공백으로 숙련된 기술자가 많이 떠난 상황이었다. 자연히 업무 효율은 엉망에 가까웠고, 인원 또한 절대적으로 부족했다. 필자는 어떻게든 공사를 적기에 수행해야 하는 절박감으로 업체와 한 팀이 되어 위기를 극복해야만 했다.

원청인 필자는 먼저 업체의 업무 효율을 높이기 위해서 기술 지도와 필요한 전산 시스템을 제공하였고, 업체에서도 백방으로 수소문해 가용한 인원을 수배해서 부족한 인력을 보충하였다. 이는 하도급 계약으로만 이루어진 원청과 하청의 관계가 아닌 동반의 관계로 함께 노력해 위기를 잘 넘긴 하나의 사례로 이 동료들은 지금도 동반자로서 해양사업을 함께하고 있다. 이 기회를 빌려 진심으로 고마움을 전한다.

"C 대표, P 대표, K 대표, J 대표 등 모든 동료님들, 감사합니다!"

Chapter 2

반드시
피드백하라

시기적절하고 정확한 피드백은 작은 문제가 큰 문제를 일으키는 것을 방지할 수 있다. 200% 피드백 효과를 내고 싶다면 먼저 고마움을 표현하라!

고마움을
먼저 피드백하라

　피드백은 개인적 성장과 학습은 물론 조직의 전반적인 효율성 향상에 필수적인 요소이다. 피드백은 개인이 자신의 업무 수행을 평가하고 개선할 수 있는 기회를 제공한다. 그리고 피드백은 학습 과정의 중요한 부분으로서 새로운 기술이나 지식을 습득할 때, 자신의 진행 상황을 이해하고 필요한 개선을 할 수 있도록 해 주어 학습 효과를 극대화한다.

　또한 기업의 입장에서는 피드백을 통해 직원 개인과 조직의 목표를 일치시킬 수 있다. 그래서 리더들은 피드백을 통해 구성원이 조직의 전략적 방향성에 맞게 움직이도록 지원해야 한다. 피드백은 또한 잠재적인 문제를 조기에 파악하여 해결하는 데 도움을 준다. 시기적절하고 정확한 피드백은 작은 문제가 큰 문제를 일으키는 것을 방지할 수 있다.

구성원에게 피드백을 할 때 그들의 노력과 과정을 먼저 인정하고 고마움을 표현하는 것은 매우 효과적인 방법으로서 다음과 같은 이점을 제공한다.

■ 리더에 대한 신뢰와 존중

구성원의 노력을 먼저 인정하면 그들은 자신이 소중하게 여겨진다고 느끼고, 리더에 대한 신뢰와 존중이 높아지게 된다. 이러한 신뢰감은 피드백을 좀 더 개방적이고 수용적인 마음으로 받아들이게 한다.

■ 동기 부여

노력을 인정받을 때 구성원은 자신의 일에 대한 긍정적인 피드백을 받고 있다고 느끼게 되며 이는 그들의 동기를 부여하고, 앞으로 더욱 열심히 하고자 하는 의욕을 촉진시키게 된다.

■ 피드백의 본질적 목적인 성장과 발전에 집중

피드백을 받는 사람이 리더로부터 감사의 말을 듣게 되면, 피드백을 개인적인 비판으로 받아들이지 않고 더 건설적으로 받아들일 가능성이 커진다. 따라서 방어적 태도를 감소시키고, 피드백의 본질적인 목적인 성장과 발전에 집중하게 된다.

■ 긍정적인 행동 유발

또한, 노력을 인정하고 감사를 표현함으로써, 구성원들은 자신이 올바른 방향으로 나아가고 있음을 느끼게 된다. 긍정적인 행동을 발전시키고, 향후 유사한 상황에서 더 좋은 성과를 낼 수 있도록 독려하게 된다.

■ 다양한 시도로 인한 장기적인 성장

리더는 결과뿐만 아니라 과정 자체가 중요하다는 메시지를 전달함으로써 구성원들이 결과를 얻기 위한 다양한 방법을 시도할 수 있게 하고 장기적인 성장을 추구하도록 만들어 준다.

올바른 피드백 방법

필자가 재직 기간 동안 직원들과의 피드백 경험을 토대로 나름의 올바른 피드백 방법을 권해 본다.

① 먼저 고마워하라

② 구체적이고 명확하게 하라

③ 잘한 것으로 시작하라

④ 잘못된 부분은 내가 먼저 반성하라

⑤ 반성한 내용을 전하고 지적하라

⑥ 직원의 기를 살려 주라

⑦ 상호 대화 형태로 본인 스스로 개선하게 하라

⑧ 적시에 적절한 장소에서 하라

■ 먼저 고마워하라

첫째, 먼저 고마워하는 것은 피드백을 하는 기본적인 자세이다. 상대의 노력을 진심으로 이해하고 감사해하는 것으로, 먼저 직원의 마음을 열어 피드백을 받아들일 수 있게 하는 데 아주 중요한 것이다. 아무리 좋은 감정도 표현하지 않으면 타인이 인식하기 어려우므로 내가 진심으로 느끼는 고마움을 반드시 표현하는 것이 중요하다.

■ 구체적이고 명확하게 하라

둘째, 피드백은 모호하지 않고 구체적이어야 한다. 어떤 행동이나 결과에 관한 구체적인 사례를 들어 설명함으로써 구성원이 자신의 성과나 행동을 명확히 이해하고 개선할 수 있게 하는 것이다.

■ 잘한 것으로 시작하라

셋째, 잘한 것부터 시작해야 한다. 피드백을 시작할 때 긍정적인 점을 먼저 언급하여 시작하는 것이 좋다. 이는 수용성을 높이고, 대화의 긍정적인 분위기를 조성하게 된다.

■ 잘못된 부분은 내가 먼저 반성하라

넷째, 잘못된 부분은 내가 먼저 반성해야 한다. 엄밀히 보면 잘못된 부분은 업무를 지시한 내가 제대로 전달하지 못한 부분이 많다는 말이다. 따라서 지적할 부분이 보이면 먼저 "아, 이 부분에 대해서 내가 설명을 못 했던 것 같네."라고 본인의 잘못을 먼저 말해야 직원이 지적을 부담 없이 받아들이게 된다. 직원들의 업무 결과는 어떻게 지시했느냐에 따라 천차만별인 경우가 많다. 쓰레기를 넣으면 당연히 쓰레기가 나오는 이치와 같을 것이다. 1장에서 설명한 "리더가 원하는 결과를 얻으려면 구체적이고 명확한 지시를 하라"를 상기해 보라.

■ 반성한 내용을 전하고 지적하라

다섯째, 반성한 내용을 전하고 지적해야 한다. 감사의 말을 전하는 것과 같이, 잘못된 부분의 책임이 리더인 나에게 먼저 있다는 표현을 통해서 직원이 질책이 아닌 피드백의 본질 그 자체로 받아들이게 하는 것이다.

■ 직원의 기를 살려 주라

여섯째, 직원의 기를 살려 주어야 한다. 지적을 하거나 지시를 하더라도 체면을 살려 주라는 것이다. 면박을 주는 등의 행위로 이 일을 마무리해야 할 직원의 업무 의욕이 떨어지면, 완성도 높은 업무를 기대하기 어려워진다.

■ 상호 대화 형태로 본인 스스로 개선하게 하라

일곱째, 질문으로 스스로 개선하게 해야 한다. 지적하고 싶거나 반영하고 싶은 내용은 일방적인 지시가 아닌 대화 형태로 진행하는 것이 효과적이다. '내 생각은 이런데, 어떻게 하면 좋을 것 같아?'라는 의견 개진을 통해 직원 본인이 최종 선택을 하여 책임감을 가지고 일하게 하는 것이 중요하다.

■ 적시에 적절한 장소에서 하라

마지막으로, 피드백은 가능한 한 결과나 행동이 발생한 직후에 제공되어야 피드백의 효과를 키울 수 있다. 또한 민감하거나 개인적인 피드백은 사적인 공간에서 일대일로 진행하는 것이 좋다.

지시와 통제가 아닌
코칭을 하라

코칭 리더십이 주목받는 지금, 리더의 역할은?

필자가 입사한 1990년대는 '관리의 시대'였다. 관리의 기준은 결과이므로 목표 관리, 성과 관리, 팀원 관리와 같이 지시와 통제를 통한 관리자의 역할 수행이 강조되었다. 그러나 지금과 같이 많은 위기를 겪은 뉴노멀 시대에는 다양성, 창조성, 변화와 혁신 등 경쟁의 양상이 바뀌면서 관리와 통제 중심의 리더십이 한계에 다다르게 되고, 관리보다는 조직 구성원의 다양성을 끌어내는 코칭 리더십이 주목받고 있다. 리더인 팀장의 역할이 지시하고 통제하는 관리에서 팀원 스스로가 잠재 역량을 끌어내어 성과를 극대화할 수 있게끔 코칭하는 역할로 바뀐 것이다.

팀원의 자발적인 성장을 위해서는 팀장이 먼저 의식을 바꾸어야 한다. 조직의 주체가 리더인 팀장에서 팀원으로 옮겨져야 한다는 것이다. 그러기 위해서는 아래와 같은 리더의 혁신적 실행이 필요하다.

■ 리더 스스로 자기 인식을 향상하라

리더 자신의 리더십 스타일, 강점, 약점을 바로 알고 자기 평가, 피드백 수집 등 경우에 따라선 코칭 또는 멘토링을 통해 자기 인식을 키우는 것이 필요하다.

■ 팀원을 신뢰하라

팀원의 성장 욕구를 인정하고 그들의 잠재 능력을 믿어 주는 것이다. 리더인 팀장은 지시자의 역할에서 벗어나 코칭과 멘토링에 중점을 두는 마인드셋을 가져야 한다. 이를 통해 팀원들의 자발적인 성장과 발전을 독려하고, 그들 스스로 문제를 해결하고 기회를 얻게 된다.

■ 권한 위임을 늘려 가라

성장 가능성이 확인된 직원에게 새로운 단계의 기회를 제공하면 그는 지속해서 성장할 수 있다. 이러한 위임의 확대는 팀원에게는 자율성을 제공하여 그들이 스스로 결정을 내릴 수 있도록 하고, 더 큰 책임감을 갖고 업무에 몰입하게 만든다. 또한 팀장 자신에게는 여유를 주어, 보다 중요하고 전략적인 업무에 몰두하여 조직의 선순환을 촉진한다.

■ 목표를 설정하고 성과를 관리하라

리더는 팀원들과 함께 명확하고 도전적인 목표를 설정하고, 이를 달성하기 위한 자원과 지원을 제공하며, 성과를 정기적으로 검토하여 긍정적인 피드백과 건설적인 비판을 해야 한다.

■ 팀원의 성장을 지원하라

개인의 경력과 성장 목표에 대해 이해하고, 이를 지원하기 위한 자원을 제공하는 것이다. 교육 프로그램, 전문가 세미나, 역량 개발 워크숍 등을 통해 지원할 수 있다. 유능한 팀원을 더욱 성장시키고 키워야 하나, 실제로 일 잘하는 사람에게 일이 몰리는 경우가 많아 오히려 교육이나 자기계발의 기회를 얻기 어렵다. 유능한 직원이 자리를 비우면 당장 팀장도 많은 불편함을 겪게 된다. 이때 팀장의 용기와 결단이 필요하다. 소탐대실하지 않도록 과감히 역할에 필요한 교육의 기회를 제공하여야 한다.

코칭에 활용하기 좋은 GROW 모델

코칭의 대가인 존 휘트모어(John Whitmore)가 창안한 코칭 방법인 'GROW 모델'은 코칭에서 널리 사용되는 구조적 프레임워크이다. 코치와 코칭을 받는 사람이 함께 목표를 설정하고, 현재 상태를 평가하며, 가능한 옵션을 탐색하고, 구체적인 행동 계획을 수립하는 과정을 체계적으로 진행할 수 있도록 도와주는 방법으로서 매우 유연하고, 다양한 상황과 목표에 적용할 수 있다.

코치와 코칭받는 사람 모두에게 명확한 지침을 제공하며, 효과적인 변화와 개발을 촉진하는 강력한 도구이니 코칭에 활용해 보는 것을 권한다. GROW 모델은 Goal(목표), Reality(현실), Options(대안), Will(실행 의지)의 약자이다.

Goal (코칭 목표)	코칭의 단기, 장기 목표를 설정한다.
Reality (현실)	현재 상황 및 문제를 파악한다.
Option (대안)	실행 가능한 대안을 찾아 실행 계획을 수립한다.
Will (실행 의지)	언제, 누구에 의해, 무엇을 하겠다는 실행 의지를 확인한다.

■ 1단계 Goal: 코칭 목표의 설정

1단계, Goal은 코칭 목표를 정하는 것이다. 코칭을 받는 사람, 즉 팀원이 원하는 목표를 설정하는 단계이다. 목표는 구체적이고 도전적이며 실현 가능해야 하며, 결과는 측정 가능해야 한다. 이 과정에서 SMART* 기준을 사용하여 목표를 정의하는 것도 좋다.

일방적으로 팀원에게 보고받는 것이 아니라 질문을 통해서 팀원 스스로 목표를 설정하는 것이 중요하다. 팀원이 목표를 정하는 것을 어려워하는 경우, 조직의 경영목표를 달성하는 데 공헌할 수 있는 내용이나 최근 문제가 발생하여 개선이 필요한 사항 등을 찾아보라고 질문하는 것도 좋은 방법이다.

* SMART

목표 설정에 사용되는 기준의 약어이다. 이 기준은 목표를 설정할 때 명확하고 구체적으로 만들어 줌으로써 목표 달성을 돕는 데 사용되며 SMART의 각 글자는 다음과 같은 의미를 지닌다.

① Specific(구체적인): 목표는 구체적이고 명확해야 한다. 구체적인 목표는 '무엇을', '어디서', '언제', '어떻게'에 대한 명확한 설명을 포함한다. 모호한 목표는 명확한 행동 계획을 수립하는 데 어려움을 줄 수 있기 때문이다.

② Measurable(측정 가능한): 목표는 측정 가능해야 한다. 측정 가

능한 목표는 목표 달성도를 평가하고 진행 상황을 추적할 수 있게 해 준다. 목표가 얼마나 달성되었는지를 정량적으로 측정할 수 있는 지표를 포함해야 한다.

③ Achievable(달성 가능한): 목표는 현실적이고 달성 가능해야 한다. 너무 쉬운 목표는 동기 부여를 줄일 수 있고, 너무 어려운 목표는 좌절감을 초래할 수 있으므로 목표가 조직의 리소스와 능력 내에서 달성 가능한지를 고려해야 한다.

④ Relevant(관련성 있는): 목표는 전체적인 비전이나 장기적인 목표와 관련해야 한다. 목표가 조직의 전략적 목표나 우선순위에 부합하는지를 확인해야 한다. 관련성 없는 목표는 시간과 에너지를 낭비할 수 있다.

⑤ Time-bound(시간 경계가 있는): 목표는 일정한 기간 내에 달성 가능한 시간 경계를 가져야 한다. 목표에는 명확한 마감일이 포함되어야 하며, 이를 통해 목표를 위한 일정을 설정하고 시간 관리를 할 수 있게 된다.

■ 2단계 Reality: 현재 상태의 평가

2단계, Reality는 현재 상태를 평가하는 것이다. 현재 어떤 일이 일어나고 있는지, 즉 현재 어떤 문제가 있는지, 문제 해결을 위한 시도는 해 보았는지, 문제 해결에 어떤 어려움이 있는지를 질문하여 현실의 문제점을 정확히 파악하기 위함이다. 팀원이 현재의 정확한 사실을 파악하여 무엇이 문제이고 문제 해결을 위해서 어떻게 해야 할지를 스스로 파악하게 하는 것이 중요하다.

■ 3단계 Options: 대안 모색

3단계, Options는 대안을 찾는 것이다. 선택 가능한 대안은 많을수록 좋으므로, 최대한 많은 대안을 질문으로 끌어내는 것이 중요하다. 어떤 대안이 가장 좋은지, 그 대안의 장단점은 무엇인지, 어떤 방법으로 실행에 옮길 수 있는지를 고민하게 하여 실천 가능한 개선 방안 또는 해결 방안이 나와야 한다. 따라서 질문을 통해서 많은 아이디어가 나오도록 도와주는 것이 중요하다.

■ 4단계 Will: 계획의 수립과 의지 강화

4단계, Will은 실제 행동으로 옮기기 위한 계획을 수립하고, 코칭받는 사람의 의지를 확고히 하는 과정이다. 팀원의 실행 의지를 강화하는 것으로, 실행할 때 장애가 되는 것이 무엇인지, 어떤 지원이 필요한지, 목표 달성 여부를 어떻게 확인할 수 있는지를 구체화해야 한다. 즉, 실행계획을 지지하고 결과 확인을 위한 중간 점검 등에 팀장과 팀원이 서로 동의하는 것이다.

Chapter 3

구성원을
육성하라

●

결국, 훌륭한 팀장이 되기 위해서는 부하 팀원을 어떠한 인
재로 육성하느냐에 달려 있다. 이는 곧 리더인 팀장의 성공
과도 밀접한 관계가 있음을 잊지 말아야 한다. 부하 팀원이
훌륭한 인재로 성장할 수 있도록 격려하고 도움을 주기 위
해 많은 시간을 할당해야 함을 명심해야 한다.

●

팀원 육성은 팀장의 의무,
육성의 주체도 바로 나[1]

핵심 인재 육성, 리더의 중요한 업무

잭 웰치는 "내 시간의 75%는 핵심 인재를 발굴하고 육성하는 데 썼다."라고 했다. "당신 회사는 무엇을 만드는 회사인가?"라는 질문에 일본 경영의 신이라 불리는 마쓰시타 고노스케는 "사람을 만든다."고 답했다고 한다. 핵심 인재, 즉 직원을 발굴하고 육성하는 것의 중요성을 일컫는 말들이다.

다양성과 변화의 시대가 되면서 리더의 정의도 진화되고 있다. 이 시대가 요구하는 리더는 리더 스스로 무엇인가를 하는 것이 아니라 구성원이 성과를 달성할 수 있도록 코칭하고 지원한다. 리더는 직무에 걸맞은 구성원을 잘 육성해야 한다.

필자의 재직 시절, 회사에서 직원들을 대상으로 '팀원 육성에

---

1 리더십 사내강사 양성과정, 현대중공업 인재교육원 자료.

대한 설문 조사'를 실시한 바 있다. 팀원과 팀장, 이렇게 두 그룹으로 나누어 진행한 설문 결과가 흥미롭다.

우선 팀원들의 의견은 "팀장들이 본인의 성장에만 관심이 있다.", "일하는 사람 따로 교육받는 사람 따로 있다.", "팀원들의 육성에 시간을 할애하지 않는다." 등이었다.

이에 대한 팀장들의 하소연은 "내 일하기도 바빠서 시간이 없다.", "인재를 육성할 시스템이 없다.", "인재 육성은 HR(Human Resources, 인사부서)의 업무이다." 등으로 나타났다.

문제는 팀장의 의식에 있다!
∞∞∞∞∞∞∞∞∞∞∞∞∞∞∞∞∞∞∞∞∞∞∞∞∞∞∞∞∞

팀원 의견#1

"일부 팀장은 자격증을 따고, 프로그램에 참여하는 등 본인의 성장을 위한 열정이 매우 높다. 그러나 팀원들에게는 장기적 관점의 육성보다는 눈앞의 업무를 잘 추진하는 것에만 관심을 기울여서 팀원들의 성장에는 관심이 없는 것처럼 느껴진다."

팀원 의견#2

"팀장들은 업무에 부담이 되어도 팀원들의 성장에 관심을 가지고 체계적으로 교육해야 한다. 업무가 바쁘다고 교육, 연구, 세미나 등의 참석 기회가 한가한 팀원에게 주어지는 경우가 종종 발생한다."

팀원 의견#3

"팀장의 본인 업무 비율이 전체 업무의 50%를 넘어서는 안 된다고 생각한다. 팀장이라면 개인적인 업무보다는 팀원에 대한 피드백 및 코칭을 통해 팀원들의 역량을 향상하고, 팀원을 육성하는 등 미래를 대비하는 데 시간을 활용해야 한다고 생각한다."

설문 조사 결과, 팀장들의 의식에서 문제의 해결책을 찾을 수 있다. 팀장들의 생각은 두 가지로, '시간이 없는 것'과 '팀원 육성은 HR에서 주관해야 한다.'라는 것이다.

■ 첫째, 시간이 없다?

팀장은 반드시 여유가 있어야 하므로 시간 관리나 업무 위임을 통해 최소한 팀원보다는 여유 시간을 확보해야 한다. 팀원들과 소통할 수 있는 여유는 팀장으로서 가장 필수적이고 중요한 것으로 필자가 Part1 '어서 와 리더십'에서 이미 강조한 내용을 참조하기 바란다.

■ 둘째, 인재 육성, 즉 팀원 육성은 HR 담당이다?

이는 오해의 산물이다. 결론적으로 팀원 육성에 가장 효과적인 방법은 '일을 통한 육성'이다. 인재 육성을 위해서 기업들이 가장 큰 노력을 기울였던 것 가운데 하나는 육성 시스템과 제도를 갖추는 것이었다. 그러나 그중에는 큰 비용을 들여서 도입했지만, 기대만큼의 효과를 거두지 못하고 있다는 것이 일반적인 평가이다.

이러한 문제점을 인식한 기업들은 하나같이 팀원 육성에 있어 가장 효과적인 방법을 '일을 통한 육성'이라고 말하고 있다. 인재 육성의 핵심은 팀원들의 실질적인 경험을 통해 지식과 노하우를 습득하도록 하는 것이다. 따라서 육성 시스템과 제도는 이를 촉진할 수 있도록 하는 수단이 되어야지, 그 자체가 목적이 되어서는 안 된다.

서던 캘리포니아 대학의 맥콜 교수도 '멋진 공식적인 시스템이 팀원 육성을 보장해 줄 것이라고 착각해서는 안 된다.'라고 말한다. 세계적인 컴퓨터 회사인 델의 경우, '일하는 중간에 모르는 것이 생기면 10분 이내의 짧은 교육 진행'을 가장 이상적인 팀원 육성 방법으로 추구하고 있다. '일을 통한 육성'은 아래의 또 다른 직원의 설문에서도 확인된다.

> "내가 지금까지 가장 빨리 성장할 수 있었던 곳은 업무 현장이었다. 주어진 문제를 해결하는 과정에서 선배님들의 조언과 피드백이 가장 큰 도움이 되었다. 그때 당시에는 힘들고 속상했지만, 시간이 지나서 그때를 회상해 보니 내가 성장하는 데 피가 되고 살이 되는 순간이었다."

따라서 팀장들이 팀원 육성을 위해 갖춰야 할 인식은 3가지라 할 수 있다.

① 성장시키는 일은 투자다.

② 성장 도우미가 돼라.

③ 성장을 최우선의 과제로 생각하라.

결국, 훌륭한 팀장이 되는 것은 팀원이 어떠한 인재로 성장하느냐에 달려 있다. 팀원의 성장이 리더인 팀장의 성공에 직접적인 영향을 준다는 것을 잊지 말아야 한다. 팀원이 훌륭한 인재로 성장할 수 있도록 격려하고 도움을 주기 위해 많은 시간을 할당해야 함을 명심해야 한다.

일 잘하는 사람 vs
일 못하는 사람

저성과자 관리가 중요한 이유

조직의 리더가 가장 많이 고민하는 것 중 대표적인 것이 저성과자 관리에 관한 것이다. 일반적으로 좋은 성과를 내지 못하는 직원에 대해서는 '업무 역량 미비'로 인식할 수 있다. 하지만 저성과의 원인에는 여러 가지가 있다. 직무적성이 맞지 않는 경우나 해당 업무를 수행하기 위한 업무 역량의 차이, 대인관계에 특별한 강점이 있음에도 꼼꼼하지 못한 성격으로 인한 잦은 실수, 직무 특성상 성과를 내기 어려운 부서 특성 등이 있을 것이다.

저성과자의 문제가 리더에게 특별히 고민인 이유는 조직의 성과 평가에 직결되기 때문이다. 당연하게도, 회사는 개인의 장점이나 성격 유형에 적합한 업무를 주는 것이 좋다. 그러나 작은 회사나 큰 회사나 가장 일이 많고 시급한 영역에 직원을 배정하는 것이 일반적이다. 전공이나 업무 경력과 같은 기초 정보만을 고려하여 배치하는 것이다.

일손이 부족한 곳에 인력을 배치하는 것은 회사 입장에선 지극히 당연한 일이다. 입사 후 몇 년간 순환 배치를 통해 직무적성을 파악하고 다양한 현장의 업무를 익히게 하는 것도 필요한 일이다. 그러나 적성과 업무가 너무나 차이 나는 데에도 해당 업무가 지속된다면 당사자에게나 회사에도 손실이 아닐 수 없다.

개인의 적성과 회사의 필요 사이에서 균형 찾기

필자도 업무적합도와 관련해서 많은 직원과 고민을 나누고 다양한 해결책을 모색해 보았으나, 개인의 적성과 회사의 필요 사이에서 균형을 찾는 것은 무척이나 어려운 일이었다. 다음은 필자가 직원과의 면담을 통해서 해결책을 함께 고민한 사례이다.

① 먼저 직원의 고민을 경청하여 공감한다. 공감이 동의한다는 의미는 아니다.

② 공감을 통해서 고민을 이해한 후, 본인이 잘할 수 있는 업무인지 아니면 단지 선호하는 것인지를 엄격히 구분하였다. 누구나 그렇 듯이 좀 더 쉽고 편한 업무를 원하는 경우가 많으므로 이런 요청은 엄격히 제한할 필요가 있다.

③ 해결책은 현재 상황을 이해하고 적정한 시기에 기회를 찾아 주는 것으로 합의하는 것이다. 즉, 현재의 업무가 조직에서 중요하고 긴급하므로 이 일을 잘 마무리하고 전환 배치의 기회를 찾는 것으로 제안을 하고, 현 업무도 본인의 성장에 필요한 경험이 됨을 상기시켜서 본인의 의사를 재확인하는 것도 필요하다.

역량이 아닌 직무 특성의 한계가 문제일 때는?

개인의 역량 문제가 아닌, 직무 특성의 한계로 인해 성과 측정이 크게 의미 없는 경우도 있다. 다시 말해 특별한 전문성이 요구되는 업무가 아니라 경영 지원이나 경리, 잡무를 담당하는 경우 성과의 측정 기준이 모호할뿐더러, 성과의 구체적 실체 또한 없는 경우가 많다. 고정적이고 반복적인 노동을 해야 하는 경우 동기 부여가 어려울 수 있다.

필자가 근무했던 설계조직에도 부서의 일반 행정 업무를 처리하는 '서무'라는 직종이 있다. 실업계 고등학교를 졸업한 여성들이 주로 배치되었는데, 부서원의 일반 행정 업무를 처리하고 지원하는 역할이었다. 경험이 쌓이고 연차가 올라가도 특별한 업무 변화가 없다는 것이 특징이다.

문제는 10년, 20년 연차가 쌓인 서무들이다. 근속 연수로는 부서 내에서 중견급에 해당하지만, 사업에 필요한 기술적인 업무가 아닌 기본적인 행정지원 업무에 국한되다 보니 상대적으로 승진에서도 제외되는 경우가 많다. 그러다 보니 자신들보다 늦게 입사하여 먼저 승진하는 직원들에게 피해 의식을 가질 수 있다. 간혹 고의로 늦은 사번의 직원에게 "본인이 할 수 있는 업무는 본인이 직접 하세요!"라고 쏘아붙이며 처리해 주지 않아서 문제가 되기도 하였다.

일반적으로 직원들은 업무 경력이 늘어나면서 경력에 따라 급여도 늘어나고, 승진을 통해 조직 내에서 직급과 직책이 바뀌면서 성장한다. 그러나 이 서무직은 경력이 쌓여도 업무의 변화를 기대하기 어렵다. 물론 경력이 쌓이며 급여는 인상되지만, 업무 의욕은 점차 떨어질 수밖에 없다. 직원의 업무 의욕 저하는 조직의 성과로 그리고 급여의 상승은 회사의 부담으로 이어지므로 해당 직원과 회사 모두에게 이롭지 않게 된다.

재교육을 통한 업무 부여로 얻은 성과

그런데 곰곰이 생각해 보면, 이 문제는 회사로서는 생산성에 대한 문제이지만, 직원 개인에게는 일의 가치와 생의 보람에 관한 문제였다. 즉, 소외된 노동에서 일의 행복을 찾아 주는 일이기도 했다. 필자는 이 문제를 해결하기 위해 전환 배치를 고민하였다. 우선 연차가 쌓인 직영 서무들에 대한 재교육을 통해 적합한 업무를 부여하는 것이 목표였다.

다행히 대부분 서무가 기본적인 전산 처리 능력을 갖추고 있었다. 그들에게 제안한 업무는 설계에 필수적인 3D 모델링(3D Modeling)[2]과 자재 전산 처리 업무였다. 물론 익숙한 업무를 버리고 새로운 일을 배워야 했기에 일부 반발도 있었다. 그러나 새로운 꿈을 꾸며 인생 제2막에 도전하려는 서무들이 훨씬 많았다. 그들이 업무에 적응하자 곧장 성과로 연결되었다.

그들의 도전은 조직 전체에 큰 활력을 주었다. 평생 실무적인 행정 처리만 했던 50세가 넘은 서무들이 기술을 배우고 현장에서 성과를 내며 자랑스러워하는 모습을 본 직원들도 새로운 기술에 대한 보수적인 태도를 벗어던지고 용기를 가질 수 있었다. 서무들이 했던 행정 업무는 모두 단기계약직으로 대체하였고, 계약 기간으로는 통상 기준인 2년 혹은 최대 4년이 적용되어 지역 내 새로운 일자리 창출에 기여하는 계기가 되기도 하였다.

---

2   컴퓨터 소프트웨어를 사용하여 3차원 공간에서 물체의 모양과 구조를 생성하는 과정으로서 이 기술은 다양한 산업에서 널리 사용되며, 실제 제품을 디자인하거나 가상 환경을 만드는 것으로서 현재의 설계 진행에 필수적인 작업이다.

직장인 누구에게나
비밀의 화원이 필요하다

옥상에서 느낀 뜨거운 사명감

해양사업의 위기로 침체한 회사 인근의 지역 경제를 살려 보겠다는 다소 엉뚱한 사명감으로 필자는 회사의 해양공장에서 가까운 위치에 있는 빌라 건물을 매매해 거주하였다. 빌라 건물 매매 당시 몇몇 지인의 만류에 잠시 고민도 했지만, 침체된 해양사업을 일으키고 싶은 필자의 절실한 마음을 꺾지는 못했다.

특히 빌라 옥상에 올라갈 때마다 결심은 더 확고해졌다. 눈앞에 바로 드넓은 동해 바다가 펼쳐졌고, 그 바닷가 옆에 자리한 필자가 근무하는 HD현대의 해양사업부 전경이 한눈에 들어왔다. 이 전경은 필자에게 뭔지 모를 뜨거움을 느끼게 했다.

부동산중개업자마저 회사 인근 부동산은 투자 가치가 없는 지역이라면서 고개를 가로저으며 말렸지만, 끝내 필자와 아내는 2020년 봄 이 건물의 주인이 되었다. 이런 필자의 절실함이 통했는지 이후 필자와 직원들의 노력으로 수익률이 좋은 견실한 사업을 하나씩 수주하였고, 회사 인근의 지역 경제도 조금씩 회복되기 시작했다.

소통의 장이 된 옥상 정원

필자의 집 옥상 정원은 특히 코로나 팬데믹 시기에 그 가치를 발휘했다. 사람과의 접촉에 모두 예민할 수밖에 없던 그 시절, 옥상 정원은 우리에게 허락된 최적의 소통 장소가 되어 주었다.

아내는 평소 도시농업과 치유농장에 관심이 많았다. 옥상을 예쁜 정원으로 만드는 일은 아내와 나에게 특별한 즐거움을 주었다. 주말마다 옥상이 정원으로 변모하는 모습을 확인하며 우린 행복한 노동을 할 수 있었다. 결국 옥상 정원은 다양한 그룹별 직원을 초대하여 기분 좋게 쉴 수 있는 명소가 되었다.

조건은 엄혹하지만 주변 사람의 온기와 믿음으로 인해 특별히 아름다웠던 시절이었다. 사업의 위기와 팬데믹 장기화로 어느 때 보다 팀워크가 필요한 시기, 필자는 직접 고기를 굽고 와인을 준비하여 직원들이 대접받고 있음을 느낄 수 있도록 하였다. 참고로, 당시 임원들은 회사에서 운영하는 인근 호텔로부터 할인 혜택을 받아 와인은 큰 부담 없이 구입할 수 있었다.

함께 고민하며 성장을 꿈꾸는 소중한 시간

옥상 정원에서 직원들과의 시간은 직급의 벽을 허물 수 있었고, 상사와 직원이 아닌 인생의 선후배 사이의 편안한 소통을 만들어 주었다. 이내 바비큐 파티 이야기는 입소문을 탔고, 점점 더 많은 직원과 공감하는 장소가 되어 갔다. 쌓여 가는 빈 와인병을 바라보는 필자에게 와인값은 걱정하지 말라는 아내의 내조가 있었기에 필자는 팬데믹 상황에서도 직원들과 함께 고민하며 성장을 꿈꾸는 소중한 시간을 가질 수 있었다.

아름답고 비밀스러운 장소에서 마음을 전하는 공간, 각박하고 어지러운 세상에서 한 발자국 물러나 동지들과 낭만적인 의기투합을 했던 곳, 흔히 비밀의 화원이라고 부르는 공간이 직장인이라면 누구에게나 필요하다. 긴장과 격식을 내려놓고 사람이 좋아 심장을 꺼내 놓고 서로를 확인하는 장소로 나는 우리 집 옥상을 활용했다.

그리고 이 아름다운 정원에 아내의 노고가 배어 있다. 늘 하는 말이지만 이 자리를 빌려 다시 전한다.

"여보, 고마워!"

소통의 장이 되었던 우리들만의 아지트, 옥상정원

리더를 만드는 말, 어서 와! 고마워!

Chapter 4

권한을
위임하라

자정 무렵 방으로 돌아온 필자는 발표 자료와 이사님의 코멘트 내용을 살펴보며 발표 연습을 하였고, 막힘없이 진행될 때까지 수없이 반복하였다. 시간이 지나 어느새 동이 틀 무렵에 이사님으로부터 전화가 왔다. "내가 지금 새벽 운동 나가려고 하는데, 가도 되는 거지?" 이사님 목소리에서 살짝 긴장감이 느껴졌다. "예, 잘 다녀오세요."라고 대답하고 필자는 발표 연습을 이어 갔다.

리더십의 꽃,
권한 위임

팀원의 성장이 곧 나의 성장이다

　권한 위임이란 말은 늘 필자의 가슴을 설레게 한다. 리더는 직원의 장점과 강점을 살려 그 분야에 맞는 핵심 인재로 육성해야 한다. 또한 육성된 직원에게 권한을 위임하여 직원 스스로 성장하면서 조직의 성과를 극대화하는 것은 직원을 육성하는 주체인 팀장이 팀장과 같은 능력을 갖출 수 있는 내 사람으로 만드는 일이기도 하다. 이것이야말로 감개무량한 일이고 리더십의 완성이라고 생각한다.

　잘 육성된 내 사람들이 업무를 스스로 해결할 때 팀장은 현재의 업무에서 여유를 갖게 된다. 귀하게 얻은 여유는 조직의 장기적인 계획에 온전히 투자할 수 있는 조건이 된다. 이때 비로소 팀장인 본인 또한 더욱 성장할 수 있는 최고의 순간을 맞이하는 것이다. 팀원의 성장이 곧 나의 성장이며 그것이 곧 조직 전체의 성장을 끌어내는 원리가 바로 이 '권한 위임'에 있다.

권한 위임의 중요성

권한 위임이 조직에 주는 이점과 성공적인 권한 위임을 위해 필요한 사항을 확인하자.

첫째, 권한을 위임함으로써 구성원은 더 많은 자율성을 가지고 업무를 수행할 수 있게 되어 일의 만족도가 높아지고, 창의적이고 혁신적인 해결책을 도출할 수 있게 된다.

둘째, 구성원들에게 권한을 위임하면, 그들은 자신의 리더십과 의사결정 능력을 개발할 기회를 가질 수 있어 조직 내에서 미래의 리더를 육성할 수 있다.

셋째, 리더가 모든 결정을 혼자 내리는 것보다 권한을 위임하면, 결정 과정이 분산되어 더 빠르고 효율적인 의사결정이 가능해지므로 조직의 전반적인 반응 속도와 유연성이 증가한다.

넷째, 권한을 위임함으로써 리더는 자신의 업무 부담을 줄이고, 더 전략적인 업무에 집중할 수 있다. 이는 리더의 업무 효과를 극대화하고, 조직 전체의 성과를 높이는 데 기여한다.

다섯째, 권한을 위임하는 행위는 구성원들에 대한 신뢰의 표현으로서, 이는 조직 내에서 신뢰 문화를 구축하고, 구성원들의 동기를 증진시키게 된다.

성공적인 권한 위임을 위한 고려사항

첫째로 적합한 인재를 선택하는 것이다. 권한을 위임하기 전에, 해당 구성원이 업무를 수행할 능력과 준비가 되어 있는지 꼼꼼히 평가하는 것이 중요하다.

둘째는 명확한 기대치를 설정하는 것이다. 권한을 위임할 때는 명확한 목표와 기대치를 설정하고, 이를 구성원과 공유해야 한다.

셋째는 적절한 지원을 제공해야 한다. 위임은 방임과 다르다. 위임받은 구성원이 자신의 업무를 성공적으로 수행할 수 있도록 필요한 교육, 자원 등을 제공해야 한다.

마지막으로 피드백과 의사소통이다. 권한을 위임한 후에도 지속적인 피드백과 의사소통을 통해 구성원을 지원하고, 필요한 조정을 할 수 있어야 한다.

리더를 만드는 말, 어서 와! 고마워!

그날 파리의 밤이
나를 키웠다

어렵게 주어진 기회, 발표를 준비하다

필자를 결정적으로 성장시킨 것도 권한 위임이었다. 필자가 과장 2년 차 때의 일이다. 당시 회사는 해양설비의 일부 구조물을 단순 제작해서 공급하는 수준을 넘어 해양설비 전체를 제작하는 수준으로의 도약이 필요한 시점이었다.

먼저 회사의 매출과 수익 증가를 위해 단순 제작업에서 설비 전체를 설계, 구매와 제작을 일식으로 공급하는 EPC(Engineering, Procurement, and Construction) 업체[1]로의 확장은 선택이 아닌 필수였다. 공사를 일식으로 추진하는 EPC

---

[1] 'Engineering, Procurement, and Construction'의 약어로, 설계, 구매 및 시공을 모두 포함하는 프로젝트의 턴키형 계약을 수행하는 회사를 가리킨다. 이러한 계약은 주로 대규모 해양 프로젝트나 시설 건설 프로젝트에서 사용된다.

사업에 진입하기 위해 해양설비 중 규모가 큰 FPSO(Floating, Production, Storage & Offloading)[2] 공사 수주에 전념하고 있었다.

당시 필자는 구조설계부에 근무하면서 수주 예정 공사의 영업과 설계 업무를 함께 담당하고 있었다. 회사에서 수주에 심혈을 기울이는 FPSO 공사의 전체 공사수행계획, 즉 설계, 제작, 조립 및 운송 등 공사 전 단계별 상세 수행계획을 작성하는 업무였다. 그러던 중 회사가 제출한 그 FPSO 공사의 기술입찰서가 심사에 통과되어 당사의 공사수행계획 발표를 포함한 발주처와의 최종 평가 회의에 참석하게 되었다.

그렇게 발주처와의 최종 평가 회의에 참석할 출장팀이 조직되었다. 회사의 수주 규모를 키울 수 있는 중요한 공사이기 때문에 직능별 최고 베테랑 멤버인 영업총괄임원, 설계담당임원, 공사관리부장, 사업기획부장, 영업담당부장, 견적담당부장 그리고 필자로 구성되었다.

사실 필자는 출장팀 선발에 필요한 경력과 직급이 상대적으로 부족하였는데도, 상사인 설계담당임원인 C 이사님의 배려로

---

2 'Floating Production Storage and Offloading'의 약어로, 우리말로는 부유식 생산 저장 및 이송 시스템을 의미한다. FPSO는 해상에서 원유 및 가스를 생산하고 저장하며, 이를 수송선으로 보낼 수 있는 시스템으로서 주로 원유 및 가스 개발 프로젝트에서 사용된다.

출장에 합류하게 되었다. 다른 부장급의 출장자들은 해당 업무를 직접 발주처에 설명하고 결정하는 중책을 맡았고, 필자는 공사수행계획을 작성한 담당자로서 설계 담당 임원의 발표를 보조하는 역할, 즉 담당 임원의 수행비서로 따라가게 된 것이다.

설계담당임원이 필자가 배울 수 있도록 배려해 준 출장이므로 이 기회를 더욱 값지게 만들고 싶었던 마음에, 발표 자료를 작성하며 필자 방식의 발표 준비를 틈틈이 하였다. 담당 임원인 C 이사님의 발표와 필자가 준비한 발표를 비교하면 더 좋은 학습 경험이 될 것으로 생각했기 때문이다. 그리고 다른 출장자들에 비해 역할이 적었기에, 내심 불편한 마음에 기회만 주어진다면 필자의 능력을 보여 주고 싶은 마음도 있었다.

이사님의 제안으로 얻게 된 발표의 기회

이윽고 회의 장소인 발주처(프랑스 석유회사)의 본사가 위치한 파리의 한 호텔에 도착하였다. 저녁 식사를 마치자 이사님께서는 내일 있을 발표 자료의 준비 상황을 확인하셨다. 그 자리에서 이사님은 뜻밖의 제안을 하셨다.

"그런데 임 과장, 발표 자료를 본인이 만들었으니 내일 발표를 직접 해 보는 게 어때?"

처음부터 필자에게 발표를 맡길 계획이었던 걸까, 아니면 필자가 내심 직접 발표해 보길 원한다는 걸 느꼈던 걸까? 이런저런 생각에 당황해하는 필자에게 "그렇게 하자고! 오케이?"라며 필자의 대답을 독촉하셨다. "예, 해 보겠습니다!"라고 필자가 대답하자마자 이사님은 다른 일행들에게 "내일 내 발표는 임 과장이 하기로 했다. 하하하!" 하시곤 "이따 저녁 9시에 호텔 내 방에 모여서 내일 발표 리허설 하자고!"라며 호텔로 향하셨다. 부장들은 이게 어떻게 된 일이냐는 황당한 표정으로 필자만 바라보았다.

그날 저녁 9시에 출장팀은 이사님 방에 모였다. 임원에게 제공되는 상대적인 고급 객실이었지만 유럽의 비즈니스호텔이라서인지 장소는 그저 잠자리로 적합할 뿐, 여러 사람이 모여서 리허설을 하기에는 매우 부족한 공간이었다.

게다가 자리 배치도 무척이나 당황스러웠다. 이사님은 테이블 의자에, 나머지 일행은 침대에 모여 앉아 필자를 보았고, 필자는 침대 바로 앞 TV를 등지고 선 채로 발표를 해야 하는, 무척이나 불편하고 어색한 자리였다. 필자 나름대로 짬짬이 준비

리더를 만드는 말, 어서 와! 고마워!

를 해 왔지만 호텔 방에서 자료 화면도 없이 어색한 분위기에서 진행된 발표는 매끄럽지 못하였고 긴장한 탓에 실수도 하며 어렵게 마무리되었다.

발표가 끝나자 영업담당부장은 "이번 회의의 중요성을 봐서라도 내일 발표는 이사님께서 직접 하시고 임 과장은 다음에 기회를 주시지요."라며 우려의 목소리를 냈다. 그때 나는 영업담당부장의 말대로 이 어려운 과업을 비껴나고 싶다는 마음과 어렵게 찾아온 기회를 꼭 성공시키고 싶다는 두 가지 상충된 생각이 복잡하게 교차하고 있었다.

이사님은 그 자리에서 잘 단련된 어른의 풍모를 보이셨다. "아니야, 이 자리가 어색해서 그런 거야. 조금만 연습하면 잘할 거야!"라며 우려의 목소리를 일축하시고 다른 사람들의 나머지 리허설을 이어 나갔다.

모든 리허설을 마치자 이사님은 필자를 방에 남겨 두고 필자의 리허설에서 보완해야 할 부분을 상세히 지적해 주시면서 격려하셨다.

"긴장해서 그래, 사실 본 발표보다 이런 리허설이 더 떨리는 거야. 걱정하지 말고 열심히 준비해서 내일 실력 한 번 보여 줘 봐!"

라며 필자의 어깨를 툭 치셨다. 자정 무렵 방으로 돌아온 필자는 발표 자료와 이사님의 코멘트 내용을 살펴보며 연습을 이어 갔고, 막힘없이 진행될 때까지 수없이 반복하였다. 시간이 지나 어느새 동이 틀 무렵에 이사님으로부터 전화가 왔다. "내가 지금 새벽 운동 나가려고 하는데, 가도 되는 거지?" 이사님 목소리에서 살짝 긴장감이 느껴졌다. "예, 잘 다녀오세요!"고 대답하고 필자는 발표 연습을 이어 갔다.

상사의 권한 위임은 신뢰와 육성에 대한 강한 의지다

이윽고 운명의 회의가 시작되었다. 필자는 한껏 용기를 내며 스스로 다독였지만, 막상 회의실 규모에 압도되어 이내 주눅이 들고 말았다. 엄청난 회의실 규모도 그렇고 어마어마한 원형 탁자에 2미터씩 떨어져 마련된 개별 자리에 마이크까지 설치되어 있었다. 마치 TV에서나 보던 WTO 우루과이라운드 협상 테이블 같은 광경이었다. 중압감은 더욱 커졌다.

어느덧 필자의 차례가 왔고, 앉아서 필자를 조심스레 바라보는 이사님을 쳐다보았다. 그렇게 긴장하고 걱정스러운 표정을 하신 이사님의 모습을 필자는 처음 보았다. 그 순간부터 오직

나를 인정한 이사님만 생각하며 모든 집중력을 모아서 발표에 전념하였다. 어렵게 첫 말문을 열어 프레젠테이션을 시작한 필자는 긴장한 모습을 숨기고 또한 영어 발음을 실수하지 않으려고 의도적으로 천천히 발표를 이어 갔다.

슬라이드를 5장 정도 넘길 때쯤 다시 이사님의 얼굴이 필자의 눈에 들어왔고, 다행히 안도하는 표정으로 살짝 미소까지 필자에게 보내 주었다. '이렇게 하면 된다는 이사님의 신호! 이제 됐어!'라는 생각으로 필자는 긴장감을 내릴 수 있게 되었고, 이어서 한 시간의 발표를 잘 마칠 수 있게 되었다.

필자가 참여한 발주처와의 최종평가회의를 거쳐 수주하여 인도한 프랑스 Total 사의 GIRASSOL FPSO 사진.

발표를 마치자 이사님의 상사이며 당시 출장팀의 수장인 영업총괄상무님께서 "어디서 이런 보물을 데리고 왔어? 이 친구 정말 대단하네! 잘했어."라고 칭찬을 하셨고, 그 칭찬에 필자보다 이사님이 더 좋아하셨던 기억이 지금도 생생하다. 그때 경험으로 필자는 이후에도 여러 차례 추가의 프레젠테이션을 경험하게 되고 이후 특진의 영광도 가질 수 있게 되었다.

파리에서의 경험으로 필자는 상사의 권한 위임은 신뢰와 육성에 대한 강한 의지라는 점을 각인할 수 있었다. 이 경험으로 필자 역시 팀원들에게 과감하게 권한을 위임하며 팀원들을 육성할 수 있었다.

신뢰는 때로
기적을 부른다

팀장을 대행하여 신공법 설계를 책임지게 되다

과장 시절의 일이다. 공사의 책임엔지니어로 일할 당시, 필자의 팀장은 유학파 박사 출신의 유능한 설계 전문가로서 경영진의 총애를 받고 있었다. 팀 업무뿐만 아니라 사업부 전반에 중요한 일을 처리하는 경우가 많았다. 이에 따라 팀의 업무는 자연히 필자가 대행하여 수행했다. 업무 중 해양구조물의 제작 공법을 획기적으로 바꾼 신공법을 처음 적용했던 일이다. 약 46미터 고공에 설치된 구조물의 용접 불량을 찾아내 하마터면 재앙이 될 수 있는 큰 사고를 방지하고 신공법을 성공시켰던 기적 같은 일이었다.

1997년 미국의 한 드릴링 업체인 R&B Falcon으로부터 수주한 Deep Water 'Nautilus' & 'Horizon'이라는 설비 공사였다. 이는 두 개의 '반잠수식 드릴링리그(Drilling Rig)'[3]로 설계 · 구매 · 제작을 일식으로 수행하는 공사였다. 한 기당 공사 기간은 약 30개월로 매우 도전적인 일정이었다. 제작 기간을 획기적으로 단축하지 않으면 공사의 납기를 준수하기 어려운 상황이었다.

따라서 11,000톤 중량의 상부 구조물을 여러 개의 블록으로 나누어 제작하여 설치하는 기존의 건조 공법에서 탈피해서 그 상부 구조물 전체를 육상에서 일식으로 제작한 후 한꺼번에 38미터 고공으로 들어 올려 하부 구조물에 설치하는 새로운 공법을 도입하였다. 11,000톤 중량물, 즉 초중량의 구조물을 권양하는 공법으로 이른바 '슈퍼리프트(Super lift)'라는 이름의 신공법이었다.

이 공법은 앞서 설명했던 필자의 담당 임원인 C 이사님의 아이디어로 시행되었고, 그분께 신임받던 필자가 팀장을 대행하여 신공법 설계를 책임지게 되었다.

---

3   영어로는 'Semi-submersible Drilling Rig'로서, 해저(海底)에 매장된 오일이나 가스를 추출하기 위해 해저에 구멍을 뚫는 설비이다. 반잠수식이라는 말처럼 이 설비는 일정 부분이 수중에 있지만, 일부 부분은 수면 위로 올라와 있어 드릴링 작업 중에 안정성을 유지하면서 드릴링 위치를 정확하게 제어할 수 있다.

막중한 책임에, 꼼꼼함으로 중무장하다

새로운 공법을 적용하기 위해 외국인 전문가를 컨설턴트로 채용하여 기술 자문을 받으며 다양한 각도의 시뮬레이션을 거쳐 만족스러운 설계를 완성했고, 관련 구조물의 제작까지 완료할 수 있게 되었다. 당시 필자는 새로운 막중한 업무의 설계 책임자를 맡아 큰 중압감을 가지고 있었으나 곁에 K 대리와 P 대리라는 팀원들이 든든하게 필자를 받쳐 주었다.

새로운 공법의 도입은 경험으로 축적된 데이터가 없는 바탕에서 처음 시행하는 것이기에 많은 시행착오를 겪을 수밖에 없다. 필자 역시 수정에 수정을 거듭할 수밖에 없는 힘든 과정이었지만, 그때마다 두 대리는 불평하기는커녕 오히려 더 나은 방법이 있으면 백 번이라도 바꿔야 한다며 늘 긍정적이고 적극적인 자세로 필자를 도왔다. 모든 설비가 완성되고 이제 초대형구조물인 11,000톤의 상부 구조물을 들어 올리는 역사적인 작업이 준비되었다.

이처럼 중대한 작업은 작업 안전을 위해 모든 변수를 설계에 사전 반영하는 것은 물론이고, 예상치 못한 상황에 대비하기 위하여 수많은 예상 시나리오를 작성해서 대비책 역시 이중·삼중으로 마련하여야 한다. 어떤 경우에든 반드시 성공할 수 있는 시나리오를 만들지 못하면 작업 자체를 시행할 수 없게 되는 것이다.

이와 같은 작업이 끝나면 설계, 품질, 생산, 공사 관리, 안전 등 모든 관련자가 모여서 최종 점검을 수차례하고 이 확인된 사항은 발주처와 보험사 등 모든 관련 기관의 최종 승인을 받아야 마지막 작업을 진행할 수 있다. 하지만 발주처와 관련 기관의 승인을 받아도 모든 작업의 책임은 공사의 주계약자에게 있으므로 단계별 점검을 수없이 반복해야 했다.

높은 책임감과 사명감이 만든 기적

모든 점검을 마친, 작업을 하루 앞둔 최종 리허설을 하던 날이다. 모든 기술진이 모여서 준비 사항과 각자의 역할을 최종 점검하는 날인 것이다. 초대형구조물은 레고와 같이 블록 단위로 제작되어 조립되므로 제작 단계별로 엄밀한 검사로 진행된다. 조립이 완성되면 폭이 100미터에 육박한다. 이때부터는 구조물에 접근해서 확인할 수 없으므로 망원경을 활용하여 점검한다. 필자 역시 현장의 제작 상황을 점검할 때 종종 망원경을 이용하였고 현장의 모든 사항을 파악하는 데 심혈을 기울였다.

리더를 만드는 말, 어서 와! 고마워!

지지하는 구조물은 초대형 구조물을 지상에서 약 38미터를 들어 올려야 하므로 38미터보다 높은 46미터 이상의 높이에서 준비되어 있었다. 최종 점검의 날이니만큼 필자 또한 여느 때보다 꼼꼼하게 지지하는 구조물을 살피는데, 유독 한 부분이 필자의 시선을 사로잡았다. 필자의 시선을 사로잡은 부분은 구조물의 연결부인 모서리의 용접 부위였다.

원래 용접으로 채워지면 어둡지 않게 보여야 하는데, 그 부분이 그림자가 지고 유독 어둡게 보이는 것이었다. 설계도면에도 문제가 없고 제작할 때 단계별로 철저한 검사가 진행되었기에 용접이 누락될 수는 없는 일이었다. 이해할 수 없었던 필자는 함께 설계를 진행한 외국인 컨설턴트를 불러서 망원경을 넘겨보여 주었다. 그 외국인 컨설턴트도 필자와 같은 의견으로 용접 부위가 이상하게 보인다는 것이다.

순간 등에 땀이 나고 다리가 휘청거렸다. 바로 생산을 총괄하는 임원에게 뛰어가서 말했다.

"상무님, 캣헤드(CATHEAD; 지지 구조물 중 가장 높은 부분의 명칭)에 용접이 빠진 것 같습니다. 바로 올라가서 확인해야 합니다."

다급하게 보고하는 필자를 본 상무님은 "지금 무슨 소리를 하는 거야!"라며 황당해하셨다. 그 자리에 있던 생산 임원뿐만 아니라 생산의 관리자들 모두 필자의 말을 믿으려 하지 않았다. 재차 자초지종을 설명하고 생산 담당자들에게 망원경을 쥐어 주며 거듭 설득해 직접 확인할 수 있었다.

사실 '설득되었다'는 표현보다 만에 하나 확인하지 않으면 감당할 수 없는 책임을 져야 하므로 필자의 제안에 동의할 수밖에 없었다고 보는 것이 맞다. 필자는 생산 담당자와 함께 신속하게 크레인에 설치된 바스켓에 올라 직접 확인했다. 우려했던 대로 캣헤드에 용접이 빠져 있었다.

몽골 초원의 원주민도 아니고, 필자가 어떻게 46미터 높이의 3센티미터 폭의 용접이 빠진 것을 발견할 수 있었을까? 과학적으로는 설명할 길이 없다. 여러 번 돌아봐도 그날의 일은 여전히 미스터리로 남아 있다. 다만 분명한 것 하나는 상사의 신뢰가 나에게 놀라운 집중력을 주었다는 사실이다. 사람이 높은 책임감과 사명감으로 무장했을 때 어떤 일이 일어나는지 직접 체험한 것이다.

다음 날 사상 초유의 도전이었던 슈퍼리프트는 성공적으로 완료되었다. 슈퍼리프트 공법은 최대 중량 권양 기록으로 기네스북에 등재되었고 관련 기술은 특허로 출원되었다. 용접 결함

리더를 만드는 말, 어서 와! 고마워!

을 발견한 필자는 이 일로 회사에서 유명세를 톡톡히 치렀다. 이후에도 회사에서는 중요한 용접의 점검은 필자에게 맡겨 확인시키는 등 웃지 못할 곤욕을 치르기도 하였다. 이제 와서 하는 말이지만, 필자는 고소공포증으로 평소 놀이기구 근처에도 가지 않는다.

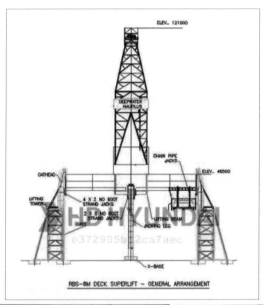

왼쪽부터 'Superlift 전체배치도', 출항 전의 Superlift 모습, 건조가 완료되어 인도를 위해 출항하는 모습

Chapter 5

혁신을 통해
위기를 관리하라

공사가 완공될 즈음, 발주처 현장소장은 반주로 즐긴 소주 탓인지 얼굴이 살짝 붉은 상태로 말했다. "임 소장도 고생 많았어요. 현장에 발주처 양곤팀을 개입시켜서 당시에는 좀 불편하고 서운한 감정도 있었는데, 임 소장이 그렇게 과 감하게 하지 않았으면 이 공사가 언제 끝날지 몰랐을 겁니 다. 잘한 결정이에요. 덕분에 나도 발주처에서 좋은 평가받 고 갑니다."라며 미소를 지었다.

혁신의 시도보다 중요한 것은 관리다

리더에게 변화 관리는 필연이자 필수

경영학의 아버지라 불리는 피터 드러커는 "이 세상에서 변하지 않는 유일한 것은 모든 것은 변한다는 사실뿐이다."라고 했다. 4차 산업혁명기라는 현시대는 "오늘 알았던 모든 것이 내일은 틀린 것이 된다."는 말처럼 변화는 가파르고 그 방향도 알 수 없다. 변화에 적응하지 못하면 기업이 생존할 수 없다. 따라서 조직의 리더에게는 변화 관리가 필연적이다.

변화 관리는 조직이 외부 환경의 변화뿐 아니라 내부적으로 필요한 변화에 효과적으로 대응하고, 이를 관리하며 조정하는 과정을 포함하는 의미로 기존의 관행이나 고정관념에 문제의식을 느끼고 이를 개선해 나가는 활동이라 할 수 있다. 이런 면에서 보면 조직에서의 대부분의 활동이 변화 관리에 해당할 수 있으므로 조직의 변화는 리더가 앞장서서 솔선수범하는 것이 중요하다.

변화 관리를 위한 5단계 수칙

변화 관리에 있어서 중요한 요소는 다음과 같다.

첫째, 구성원 모두가 변화의 필요성을 인식하고 조직을 변화에 대비시키는 것이다. 이러기 위해서는 변화의 목표와 목적을 명확히 해야 한다.

둘째, 변화를 위한 구체적인 계획을 수립하고 실행하는 것으로, 변화를 이끌 리더의 선정, 필요한 자원의 배치와 일정 관리 등이 포함된다.

셋째, 변화 과정에서 투명한 소통과 구성원들의 적극적인 참여를 유도해야 한다. 직원들의 피드백을 수집하고, 이를 반영하여 직원들의 지지를 얻는 것이 중요하다.

넷째, 변화의 모니터링과 조정이다. 변화가 계획대로 시행되고 있는지 주기적인 검토와 조정을 하는 과정이 필요하다.

다섯째, 변화가 조직의 새로운 일상으로 정착시키는 것이다. 즉 변화된 새로운 방식이 조직 내에서 지속해서 유지되도록 하는 것이다.

이러한 단계들을 지속해서 추진하는 것이 상시 변화 관리이며, 이를 통해 조직은 끊임없이 변화하는 환경에 적응하고 성장할 수 있게 되는 것이다.

리더를 만드는 말, 어서 와! 고마워!

두려움은
미지(未知)로부터 온다

새로운 조직, 새로운 업무

필자가 신설 부서인 육상토건부를 맡아서 공사를 수행했던
사례다. 필자가 근무하던 해양사업부는 원유를 생산하는 해양
설비를 일식으로 수행하는 EPC 업체였다. 따라서 육상이 아닌
바다에서 원유를 생산하는 해양플랜트 공사를 전문으로 수행하
는 조직으로 구성돼 있었다.

그러나 바다에서 생산된 원유나 가스가 해저 배관을 통해서
육상터미널로 운송되므로 해양플랜트 공사에 일부 육상플랜트
설비가 포함되는 경우가 드물게 있었다.

2009년 10월에 이와 같은 해양플랜트와 육상플랜트가 조합된
공사를 수주하게 되었다. 사업부는 이러한 수주 환경의 변화에
대응하기 위해 육상토건부를 신설하였고, 필자가 이 부서를 맡
게 되었다. 소수의 육상플랜트 전문가를 파견받고, 나머지는 기

존의 해양 인력으로 채워서 부서를 급조한 것이다.

두려움은 모른다는 인식에서 발생한다

어느 조직이나 새로운 업무에 대한 두려움이 있기 마련이다. 무엇보다 직원들이 새로운 육상설비에 대한 막연한 두려움에서 벗어나게 하는 것이 급선무였다.

필자가 선택한 방법은 필자를 포함한 육상설비 관련 학습조직을 만들어 매일 학습된 자료를 공유하는 것이었다. 그 과정에서 그동안 해 왔던 해양설비와 크게 다르지 않음을 알게 해 직원들 스스로 자신감을 가지고 설계업무를 진행할 수 있도록 독려하려는 의도였다.

필자가 예견했던 대로 두려움은 모른다는 인식에서 발생하는 것이었다. 학습이 거듭되자 직원들의 자신감은 눈에 띄게 좋아졌고, 학습열로 인해 부서 공통의 지식 공유 수준 또한 높아졌다.

새로운 조직에서 새로운 업무라는 큰 변화 속에서도 공사 수행에 최선을 다해 준 당시 직원들에게 다시 한 번 감사의 마음을 전하고 싶다.

리더를 만드는 말, 어서 와! 고마워!

큰 문제일수록
쪼개어 기획하라

계획이 엎질러질 위기에 처하다

새로운 사업인 육상플랜트에 적응하는 과정에서 겪은 두 번째 변화 사례이다.

육상플랜트의 설계 업무가 어느 정도 안정이 되어 미얀마 현지에서 시공할 업체를 선정하게 되었다. 육상공사 현장은 미얀마의 작은 섬에 위치하여 인프라가 제대로 구성되지 않은 열악한 현장이었다.

초기 계획은 국내의 경험이 있는 건설업체를 동원하는 것이었으나, 공사비 초과 문제로 국내업체를 동원하는 것은 현실적으로 어려웠다. 결국 미얀마 현지 업체를 발굴하여 대체해야 하는 상황에 봉착했고, 이로 인해 공사 수행의 환경은 크게 변하게 되었다.

필자의 부서로 파견 온 육상플랜트 전문가들은 미얀마의 현지 업체 수준으로는 이 공사를 수행하는 것은 거의 불가능하다고 판단했고, 실제로 현지 업체가 건설 장비를 어느 정도 보유하고 있는지, 기술력과 경험은 있는지 또한 확인되지 않은 상황이었다.

하고자 하는 이에겐 방법이 보인다

필자는 우선 관련자들과 미얀마로 가서 현지 상황을 파악하기로 하였다. 건설업체를 확인해 보던 중 다행히 미얀마 현지에 신형 건설장비를 보유한 업체를 발굴할 수 있었다. 하지만 장비는 있으나 기술력이 거의 없는 업체였다.

필자는 설계 인원과 시공 인원을 그 업체에 조기에 파견하여 직접 기술 지도를 하며 공사를 진행하는 것으로 결단을 내렸다. 미얀마 현지의 건설업체는 사실상 건설장비만을 빌려주고 모든 공사의 관리를 필자의 팀이 직접 수행하는 셈이었다. 상황이 복잡했지만, 필자가 믿는 격언이 있다.

"하고자 하는 이에겐 방법이 보인다. 그리고 그 답은 현장에 있다."

이 격언은 이곳 현장에서도 여지없이 입증되었다. 시간이 지나자 기술 지도를 받은 미얀마 현지 업체도 곧잘 공사 기술을 배웠고, 현장에 투입 가능할 정도의 수준으로 끌어올릴 수 있었다. 우리로선 부족한 공사대금에서 공사를 완성하는 성과를 거두었고, 현지 업체는 새로운 기술을 배워 진입장벽을 넘어설 수 있는 획기적인 계기가 되었다.

조직이 엇물릴 땐
총괄리더를 선임하라

마지막 공정에 발목이 잡히다

　미얀마의 육상플랜트 공사 중 조직 내부의 갈등으로 맞은 위기 극복 사례이다.

　육상설비에 적응이 되어 설계도 마무리되고 대부분 자재도 조달되어 공사가 막바지에 이른 상황이었다. 통상 육상이든 해양이든 플랜트 설비는 토목과 건축 작업이 선행되어 도로와 기계장비의 기초 그리고 건축물이 형성된다. 이후 준비된 기초에 기계장비가 설치되고, 마지막 단계로 기계장비와 장치류에 전기나 증기 등의 동력원을 연결하여 시험 운전을 하고 공장이 완공된다. 이때 건물 내부의 마감 작업도 함께 병행되어 진행된다.

　공사의 단계별 공정 중 마무리 작업이라 할 수 있는 전기 작업과 시운전 작업은 작업량도 많지만, 두 작업이 상호 연계되어 있어서 상당히 복잡한 공정으로 결합되어 있다. 따라서 두 작업 간에 작업 순서를 정하고 조화롭게 협력해야지만 공사를 잘 마무리할 수 있다. 하지만 대부분의 경우 많은 작업이 한꺼번에 집중되는 마지막 공정에 발목이 잡혀 공사 마무리가 지연되는 경우가 허다하다. 이 육상설비 공사 현장도 예외가 아니었다.

당시 필자는 육상토건부 부서장으로서 울산 HD현대 본사에서 현장을 총괄 지원하는 업무를 하고 있었으나 현장의 공정 지연 문제가 해결되지 않아 경영진의 특명을 받고 긴급하게 미얀마 현장소장으로 부임했다. 사실 당시 필자에겐 현장 시공의 경험이 없었음에도 본사에선 필자를 급파했다. 미얀마 공사의 공정이 계속 지연되어 현장소장을 이미 한 번 교체했지만 상황이 개선되지 않았기 때문에 공사를 총괄하는 필자를 보낸 것이었다.

현장에 답이 있다!

현장소장으로 부임한 필자는 매일 아침 전체 조회를 마치고 현장 구석구석을 돌아보고 현장에서 일하는 직원들을 만나 소통하면서 현장의 상황을 정확히 이해하기 위해 노력했다. 현장 관리자들의 도움으로 공정 지연의 문제점도 확인할 수 있게 되었다. 공정 지연의 문제점은 예상한 대로 마지막 공정인 전기 작업과 시운전 작업에서 발생하고 있었다.

크게 두 가지 문제로 하나는 전기 작업과 시운전 작업은 순차적으로 작업이 되어야 하는데 이미 일정에 쫓긴 작업이 몰리고 얽혀서 특정 공정에서 작업자들끼리 좌충우돌하고 있었고, 이에 따라 전혀 손을 대지 못하는 작업의 사각지대도 발생하고 있었다. 다른 문제는 계속되는 공정 지연으로 직원들의 사기가 떨어지고, 이 책임을 서로에게 전가하는 등 현장 직원들의 불평불만이 쇄도하여 더욱더 작업 능률이 떨어지고 있는 현상이었다.

때로 현장의 문제는 문제점을 몰라서 발생하는 것이 아니다. 뻔히 알고 있는 문제에 대한 명쾌한 해법이 없기 때문에 관행적으로 반복되는 경우가 많다. 공정별 전문가인 현장 관리자들도 이미 다 알고 있으면서도 해결책을 찾지 못한 것인데, 현장 시공 경험도 없고 전기나 시운전에 대한 전문성이 없는 필자가 어떻게 해법을 찾을 수 있단 말인가? 정말이지 가슴이 답답하였다.

답답한 마음에 늘 어려울 때마다 필자를 구원해 준 필살기 "현장에 답이 있다"라는 말을 따라 현장을 돌며 보고 또 보고 고심하였다. 그러던 중 문득 이런 생각이 들었다.

'문제가 되고 있는 전기 작업과 시운전 작업, 이 두 팀을 한 팀으로 구성하면 어떨까? 그렇다면 두 작업의 연관성을 잘 아는 사람에게 전체를 총괄하도록 하면 되겠구나. 그럼 시운전 팀장이 적격인데… 그래, 바로 그거야!'

바로 시운전 팀장에게 달려갔다. 시운전이 후공정이므로 상호 연관 작업을 더 잘 이해할 것으로 생각했고, 다행히 직급도 더 높고 직원들에게 평판도 괜찮아 시운전 팀장을 적격자라고 판단하게 된 것이다.

두 조직을 관리할 수 있는 리더의 선임이 중요한 이유

필자는 '이거다!'라는 마음으로 시운전 팀장에게 바로 제안을 하였지만, 그는 내켜 하지 않았다. 지금 시운전만으로도 머리가 아픈데 거기다 전기까지 맡으면 도저히 감당하기 힘들 것 같다는 것이었다. 처지가 이해 안 되는 바는 아니지만 늦어진 공사를 진행하기 위해 필자는 삼고초려(三顧草廬)를 하였고, 결국 시운전 팀장이 총괄을 맡게 되었다.

필자는 관련 작업의 전권을 그 총괄팀장에게 위임하고 필요한 사항만 지원해 주는 서포터 역할을 하였다. 드디어 문제의 공정에서 작업이 진척되기 시작했고, 전체 공정에도 해결의 실마리가 보였다.

흔히 2개 이상의 조직이 서로에게 어쩔 수 없이 연계되어 의존할 수밖에 없을 때 '조직의존성'이 나타난다. 이럴 때 두 조직

필자가 현장소장으로 근무한 미얀마 가스전 육상가스터미널 현장의 전경 사진.

리더를 만드는 말, 어서 와! 고마워!

을 하나로 합치면 되지 않겠냐고 생각하겠지만, 그럴 때 더 심각한 작업 정체가 발생하는 경우가 많다. 해법은 두 조직의 기능을 옳게 이해하고 조율할 수 있는 리더의 선임이다. 어찌 보면 쉬운 방책으로 보이지만, 이 해법이 성공하기 위해선 두 개 이상의 조직을 관리할 수 있는 유능한 리더가 필수다.

작업이 속도를 내자 꽉 막힌 체증이 뚫린 기분이었다. 가뭄으로 쩍쩍 갈라진 논바닥에 물이 들어가는 기분이 이럴까. 당시를 회상하면 흐뭇한 마음에 입꼬리가 올라가곤 한다.

"시운전 팀장, 아니 총괄팀장! 어려운 문제를 기꺼이 받아 주고 해결해 줘서 정말 고마웠소!"

현장은 결정권자의 마음을
움직인다

앞서 설명한 것처럼 필자의 육상토건부 사업과 미얀마 현지 공사는 한 가지 문제를 해결하면 또 다른 두 개의 문제가 생기고, 다음 날 다시 새로운 문제가 발생하는 고난의 공사로 점철되었다. 매일 잠자리에 들면서도 이런 생각을 했다. '내일은 또 얼마나 많은 문제가 터져 나올까?' 필자는 문제가 생길 때마다 늘 긍정적으로 자신을 세뇌하곤 했던 것 같다.

'문제는 해결하라고 생기는 거니까 하고자 하는 일엔 방법이 보인다. 이제껏 불가능하다고 생각한 것도 잘 해결해 왔는데!'

라며 필자 자신을 스스로 위로해 가며 하나씩 해결책을 만들어 나갔다. 그러고 보면, 필자가 수많은 변화와 문제를 긍정적으로 해결해 나갈 수 있었던 데에는 두 가지 힘이 도움이 되었다.

■ 적극적으로 믿고 따라 준 지지

첫째로, 필자에게는 인복이 있었다. 문제에 봉착했을 때마다 휘하 직원과 주변의 사람들이 적극적으로 필자를 믿고 따라 주었던 지지, 이것이 없었다면 진즉에 공사는 산으로 갔을지도 모른다. 앞서 이야기했지만, 그때 같이했던 많은 직원은 지금도 동료로서 좋은 관계를 유지하고 있다.

■ 상사의 신뢰가 가져다준 힘

또 하나는 경험도 없는 필자를 과감하게 신설부서인 해양토건부의 부서장으로 임명했던 '상사의 신뢰'가 가져다준 힘이라고 할 수 있다. 힘든 고난과 역경에 부딪힐 때마다 K 대표님을 생각하면서 '그분을 실망하게 할 순 없어. 내가 해낼 수 있다고 믿었기에 나를 이 자리에 보낸 거야. 나는 할 수 있어!'라는 믿음으로 긍정적으로 해결해 나갈 수 있었다.

또 하나의 큰 장애물, 펀치와의 전쟁

하루하루 크고 작은 문제를 해결하다 보면 어느새 시간이 흘러가 있고, 그러는 사이 공사도 끝이 보이기 시작했다. 하지만 이제 다 되었다는 안도의 한숨도 잠시, 또 하나의 큰 장애물이 기다리고 있었다. 공사를 마무리하는 시기에 발생한 이 장애물은 미얀마 공사의 마지막 숙제인 발주처와의 갈등이었다.

잔여 작업을 마무리하고 공사를 완공하여 발주처에 인도해야 하는데 사소한 문제로 인해서 공정별 발주처 승인이 떨어지지 않고 추가 작업만 계속 발생하는 것이다. 공사를 진행하다 보면 많은 공정을 거치게 되는데, 공정별 단계마다 발주처의 승인을 받고 다음 단계로 넘어가게 되고 이때 작은 문제들은 소위 미결 사항이란 의미로 '펀치(Punch)'[1]로 남겨지고 다음 작업을 하면서 함께 처리하는 것으로 진행된다.

나름 합리적인 진행 방법이나 통상 한 개의 공사를 진행하다 보면 수십만 개에서 수백만 개의 펀치가 발행되기도 한다. 사실

---

[1] 건설 현장에서 발생하는 미결된 항목 또는 결함을 가리키는 용어이다. 미결된 항목은 일반적으로 공사 프로세스 중에 확인되거나 완료되지 않은 작업, 결함, 또는 변경 사항을 의미한다. 이러한 미결된 항목들은 종종 'Punch List'로 정리되어, 공사가 완료되기 전에 처리되어야 한다.

리더를 만드는 말, 어서 와! 고마워!

공사의 마무리는 펀치와의 전쟁이기도 하다. 대다수 펀치는 기능상에는 큰 문제가 없는 사소한 문제점도 다수 포함되어 발주처의 성향에 따라 펀치에 대한 접근 역시 큰 차이를 보인다. 까다로운 성향을 지닌 발주처를 만나면 펀치에 펀치를 얹어서 정말 끝도 없는 일로 작업은 공전한다. 지금 상황이 딱 그 상황이 된 것이다.

현장에 상주하는 발주처 현장팀이 펀치를 과도하게 규정하는 바람에 해결이 쉽지 않은 상황에서 잔여 펀치는 늘어만 갔다. 전체 공사를 총괄하는 발주처의 공사 관리팀은 미얀마 수도인 양곤에 상주하고 있었고, 현장은 현장소장을 중심으로 이원화되어 관리되고 있었다.

문제 해결을 위해 공정회의를 제안하다

현장소장으로 부임한 필자는 펀치 문제를 해결하기 위해서 직접 펀치 회의를 주관하여 매일 저녁 작업 후 현장 관리자들과 펀치 처리를 위한 특별 작업팀을 꾸리는 등 관리를 하였고, 다른 한편으로는 발주처 현장팀과 팀 빌딩을 통해서 관계를 개선하며 원인을 파악하였다. 내가 진단한 원인은 두 가지였다.

우선 발주처 현장팀은 말 그대로 현장의 시공 담당으로서 모든 작업이 도면대로 완벽하게 시행되게 만드는 것이 본인들 책임이라는 입장이었다. 즉, 도면이나 자재의 사소한 문제에 유연하게 대처하기 어려운 조직인 것이다.

　다른 문제로는 발주처 현장팀 모두가 용병(傭兵)들이라는 것이다. 계약직으로 구성되었기에 공사가 완료되면 본인의 일자리도 사라지기에 공사를 서둘러 끝낼 이유가 없는 구조였다.

　사실 공사를 하다 보면 이런 경우가 종종 있다. 문제 해결을 위해 양곤에 있는 발주처 사무실을 방문하였다. 현장조직과 달리 발주처 양곤팀엔 설계를 포함한 다양한 전문가가 있었고, 결정권을 가지고 있었기 때문이다. 공사 초기에 본사에서 주요 인사들과 안면을 익힌 터라 어렵지 않게 협의할 수 있었다.

　현장 공정이 일부 지연된 터라 필자는 현장 공정의 단축 방안을 주제로 회의를 요청했다. 현장의 전체 공정 현황과 완료 목표일, 필요한 사항 등을 설명하는 것으로 진행했다. 사안이 중요한 만큼 현장소장인 필자가 직접 프레젠테이션을 진행해서 발주처의 이해와 협조를 요청했다. 물론 단번의 회의로 결론이 나지는 않았다. 발주처 내부에서도 논의가 필요했다. 필자는 발주처 양곤팀과 현장 간의 정기적인 '공정회의'를 제안했고 수락되었다.

현장에서 머리를 맞댈 때 엄청난 시너지 효과가 생긴다

공정 회의는 매주 진행하되 격주로 양곤과 현장을 번갈아서 시행하는 것으로 하였다. 나의 노림수는 두 가지였다. 하나는 현장을 잘 모르는 발주처 양곤팀이 현장을 이해하고 과감한 결정을 내릴 수 있게 하는 것이고, 또 하나는 현장에서 격주로 양곤을 방문하여 큰 의사결정을 내릴 수 있다는 일거양득의 기회를 만들기 위함이었다. 양곤 회의에 참석하는 직원은 교체해서 대동했는데, 고생한 직원들이 오랜만에 콧바람을 쐬는 건 덤이었다.

다행히 회의가 진행됨에 따라 특히 발주처 양곤팀이 현장을 방문하는 횟수가 늘어나면서 펀치는 급격히 줄어들고 잔여 작업에 속도가 붙었다. 공사 진행이 원만하게 이루어지다 보니 현장에서 발주처와 필요한 사항을 바로 결정하는 추가 혜택도 보게 되었다. 골칫거리 중 하나인 공사 마무리 후 정리해야 할 남는 자재, 임시구조물 철거 및 운송은 추가비용이 발생하는 부분인 데다 많이 번거로운 일인데, 적정한 금액으로 발주처에 인도해 서로 윈윈(Win-Win) 할 수도 있었다.

오늘날 많은 사람들은 원격 화상회의를 통한 소통이 효율적이며 경제적이라고 생각한다. 이것은 문서와 프로그램으로 모든 것을 장악할 수 있는 업종의 경우에 해당되는 말이다. 의사 결정권자가 현장에서 멀리 떨어져 있다면, 때로 물리적 거리를 줄여 현장에서 머리를 맞댈 때 엄청난 시너지 효과가 생긴다. 사람의 생각을 유연하게 하고, 전환하는 힘은 엑셀 파일의 항목과 숫자만이 아니다.

공사가 완공될 즈음, 발주처 현장소장이 먼저 떠나야 해 환송회 겸 준비한 만찬 자리에서 발주처 현장소장은 반주로 즐긴 소주 탓인지 얼굴이 살짝 붉은 상태로 미소 지으며 말했다.

"임 소장도 고생 많았어요. 현장에 발주처 양곤팀을 개입시켜서 당시에는 좀 불편하고 서운한 감정도 있었는데, 임 소장이 그렇게 과감하게 하지 않았으면 이 공사가 언제 끝날지 몰랐을 겁니다. 잘한 결정이에요. 덕분에 나도 발주처에서 좋은 평가받고 갑니다."

Chapter 6

조직만의
고유 비전을
제시하라

필자는 지금도 그 순간을 잊을 수가 없다. 필자의 철학 중 하나인 '포기하지 않으면 기회는 온다. 절대로 포기는 없다.'가 이루어진 것이다. 사업 폐지의 위기로 와해되어 가는 조직에 우리만의 비전을 만든 순간이다. 특히 워크숍 결과를 필자로부터 보고받은 대표이사님의 최종 코멘트, "그래, 추진하는 방향성이 맞으니 잘 준비해 봐!" 이 얼마나 고대했던 말이었던가!

잘나가던 기업이
몰락하는 이유

기업의 성장이 멈출 때

왜 기업 성장보다 추락이 급전직하(急轉直下)하는 형식으로
이루어지는가는 경영학적 난제였다. 이 문제를 입증한 이들은
전자공학의 시스템 다이내믹스 이론을 경영학에 접목한 그룹이
었다. 1968년 '지구의 유한성'이라는 문제를 해결하기 위해 모
인 로마클럽의 학자들은 향후 130년간 닥쳐올 인류 위기에 대
한 예측 모델을 만드는 데 열중했다. 그중 포레스터 교수(Jay W.
Forrester)는 인구 증가와 오염도, 자원의 고갈을 '월드 3'이라는
예측모델을 개발하여 예측하는 데 성공했다.[1]

---

1   모델에 따르면 "지금과 같은 추세라면 세계 인구와 산업화, 오염, 식량, 자
원 약탈이 변함없이 진행되어 지구는 100년 안에 성장의 한계에 봉착"한
다는 것이었다. 이 보고서의 제목이 『성장의 한계(The Limits to Growth)』
(1972)이다.

이 시스템 다이내믹스의 이론을 지지했던 과학자 중 한 명이 피터 센게(Peter Senge)인데, 그는 경영서의 역작 중 하나로 평가 받는 『제5경영(Fifth Discipline)』(1990)의 저자이기도 하다. 기업 의 생산성 악화는 마치 '수련 개체군의 정리'[2]에서처럼 처음에는 일련의 순차적인 신호를 보내는 듯하지만, 모든 개체는 서로에 게 영향을 주며, 이 영향은 하위 그룹으로 이전할수록 더욱 커 져 결국 기업이 시장의 변화에 대처하지 못하고 추락한다는 내 용이다.

드넓은 연못에 수련이 하나 생기고, 수련이 매일 하나씩의 수 련을 만든다면, 1이 2가 되고, 2가 4가 되고, 4가 8이 되며, 8이 16이 된다. 그런데 만약 수련이 연못을 가득 메우는 데 필요한 시간을 30일이라고 산정한다면, 수련이 연못의 절반을 채우는 데 걸리는 시간은 언제가 될까? 29일차였다. "× 2"의 지수를 대입하면 29일 차에 수련의 수는 2억 6,843만 5,456개가 된다. 이때 그래프는 일반적인 선형이 아닌, 비선형으로 나타난다.

중요한 것은 기업 경영에서 변수는 수련과 같은 하나만이

---

2   '수련 개체군의 예'는 1968년 로마클럽의 프로젝트를 이끌었던 MIT 프레 스터 공과대 교수가 제안한 개념이다. 기존의 경영학적 수리모델은 현실 에 적용하기 어렵고, 대신 변수에 대한 변화값과 같은 대응이 더 중요하다 는 이론을 설명하기 위한 예시이다.

존재하지 않는다는 것이다. 경영학 잡지『맥킨지(Mckinsey)』의 2008년 1월호 표지 논문은「리더십과 혁신(Leadership and Innovation)」이었고, 3월호 표지 논문은「성장이 멈출 때(When Growth Stalls)」였다.

'1위'라는 성과 척도에 집중하면 '비전'은 실종된다

「성장이 멈출 때」라는 논문을 읽은 기업인들은 경악을 감추지 못했다. 세계 시가총액 50위권 기업의 1955년에서 2006년까지의 성장 과정을 시스템으로 정리했는데, 그들은 높은 성장을 지속하다 완만한 하락이 아닌 급격한 추락을 예외 없이 맞았다는 것이다. 그리고 이 50대 기업의 80% 이상이 모두 내부 요인으로 인한 추락이었다는 분석이 더 큰 충격을 주었다.[3]

그리고 맥킨지는 2024년 6월에 같은 제하의 기사를 게재했다. 2000년대까지 경영계를 풍미한 단어가 '지속 가능성'이었다면 오늘날의 경영자들은 '지속 창조 가능성'을 경영 전략의 핵심축이라고 설명한다.

---

3   장윤선(2023). 4차 산업시대 통합가치와 그랜드 리셋. 책과나무. p.130.

조직문화와 기업가치의 핵심이 바로 비전이다. 비전은 시장 순위나 단기 목표와 달리 해당 기업이 왜 존재해야 하는지, 존재해서 세상에 어떤 가치를 줄 것인지를 설명하는 기업가치의 핵심이라고 할 수 있다. 역사를 보면 시장 점유율 1위를 목표로 한 기업들이 실제로 1위에 입성한 사례가 많다.

그러나 더 중요한 것은 1위를 한 이후 예외 없이 경쟁에 의해 몰락했다는 점이다. 조직원들이 '1위'라는 성과 척도에 집중할 경우 기업의 존속을 위한 '위대한 비전' 같은 것은 실종된다. 설사 비전이 있다손 치더라도 해당 비전을 조직원이 깊이 공감하고 체화하려 않는다면 없는 것과 마찬가지다.

조직의 고유 비전이 100년의 경쟁력을 만든다

TSMC의 창업자 모리스 창은 기업의 비전과 가치가 조직원의 행동 양식과 조직문화에 어떤 영향을 미치는지, 또는 어떻게 영향을 미쳐야 하는지를 평생 강조해 온 경영인이다. 모리스 창은 기업이 존속하기 위한 세 가지 기초를 첫째가 비전, 두 번째가 기업관(문화), 세 번째는 기업전략이라고 주장했다.

그런데 기업전략의 경우 좋은 전략 하나로 5년 이상 회사를 경영할 수 있는 힘이 있지만, 비전과 기업문화는 50년 내지 100년의 경쟁력을 만든다고 보았다.[4] 비전은 회사의 지위 고하를 막론하고 모두가 흥미롭게 받아들여야 하며, 장기적이며 당장의 사업 목표보다 훨씬 심오하고 철학적인 것이어야 한다고 지적했다.

2000년대에 들어서자 TSMC는 자신의 경영이념을 이렇게 공표했다.

"세계적으로 가장 명망 높은 최고의 서비스를 지향하는 전문 웨이퍼 팹으로 거듭나서 고객에게 전면적이고 전체적인 이익을 제공하며, 이를 통해 최고의 수익을 창출하는 기업이 되자."[5]

"우리는 고객과 경쟁하지 않는다."는 단순한 원칙은 이러한 철학적 배경 아래 탄생했다. 애플과 엔비디아, 인텔이 초기에 삼성과 TSMC 모두를 경쟁시키며 반도체 생산을 맡겼지만, 이후 이들 모두가 TSMC로 돌아선 핵심적인 계기가 여기에 있었

4   상업주간(2021). TSMC 반도체 제국. 차혜정 역. 이래미디어. p. 194.

5   위의 책, p. 200.

다. TSMC는 단순히 경쟁하지 않는 것을 넘어 고객이 들고 온 반도체 설계도를 더욱 완성도 높은 경지의 도면으로 재설계하기 위한 전담 팀(반도체 설계팀)까지 두어 고객사를 지원했다.

TSMC는 "고객의 이익"이라는 관점이 온전히 직원들의 사업 철학으로 정착되었는지를 승진의 가장 중요한 요인으로 본다.[6] 실적과 함께 그가 경영 이념에 완벽히 공감하고 정말로 실천했는지를 사례를 통해 검증하는 것이다. 기업 이념과 가치를 온몸으로 체화하는지가 중요한 임원 선발 기준이 된 것이다.

비전의 효과적인 제시

조직에 고유 비전이 필요한 이유는 조직이 효과적이고 지속 가능한 방향으로 성장하고 발전하기 위해 필수적인 요소이기 때문이다. 비전은 조직이 나아갈 방향을 명확하게 제시하며, 구성원들에게 공통의 목표를 제공하는 것으로, 이는 조직 내에서 일관된 결정과 행동을 이끌어 낸다. 구성원은 자신의 업무가 조직 전체의 목표에 어떻게 기여하는지를 이해할 수 있는 기반이

---

6 위의 책, p. 202.

된다.

또한 고유 비전은 조직의 독특한 정체성을 형성하는 중요한 요소로 작용함으로써 조직이 외부 이해관계자들과 차별화된 관계를 구축하고, 시장 내에서 경쟁 우위를 확보하는 데 기여한다. 비전은 조직의 장기적인 성공을 위한 기반을 마련하고, 모든 구성원이 하나의 방향으로 힘을 모으도록 동기를 부여하게 된다.

그렇다면 조직의 비전을 구성원의 것이 되게 하는 효과적인 방법에는 어떠한 것이 있을까?

■ 이해관계자들이 참여하게 하라

첫째, 이해관계자들이 참여하게 하라. 비전 수립 과정에 구성원 및 다른 이해관계자들의 의견을 반영하여 그들의 요구와 기대를 비전에 반영하는 것이다.

■ 간결하고 공감 가능한 비전을 세워라

둘째, 비전은 간결하고 이해하기 쉬우면서도 구성원들이 공감할 수 있는 내용이어야 한다. 즉 명확한 목표가 제시되어야 하고 구체적인 실행 계획이 있어야 한다.

■ 지속적으로 비전의 중요성을 강조하라

셋째, 비전을 한 번 제시한 후에 끝내지 않고, 지속해서 그 중요성을 강조하고 소통을 통해서 진행 상황을 공유하여야 한다.

■ 비전의 실행을 지원하라

넷째, 구성원들이 비전에 따라 행동할 수 있도록 적극적으로 지원해야 한다. 비전의 구체적인 실행계획이 구성원들의 실제 업무에 반영되어 그들이 직접 추진해 나가도록 해야 한다.

■ 주기적으로 비전의 평가와 피드백을 진행하라

다섯째, 비전의 성과 측정과 피드백이다. 비전 달성 과정을 주기적으로 평가하고, 필요한 사항을 지속 보완하여 현실에 맞게 유지하는 것이 중요하다.

다음 대목부터는 필자가 담당하였던 해양사업 부문에 고유 비전을 명확히 제시하여 사업 폐지의 위기에서 지속 가능한 조직으로 성장하고 발전시킨 사례를 소개한다.

국제 유가 하락과
해양공사의 위기

해양사업, 최대의 위기에 직면하다

먼저 필자가 몰락해 가는 해양 부문에서 새로운 조직 비전을 어떻게 실현했는지를 말하기에 앞서, 당시 한국 해양플랜트 산업의 상황을 이해하는 것이 좋겠다. 한국의 해양플랜트 사업은 2008년 리먼 브라더스 사태로 촉발된 글로벌 금융위기 국면에서도 오히려 약진을 거듭했다. 2010년 최대 매출을 기록했고, 2013년 정부는 해양플랜트 산업을 신성장동력으로 설정, 5조 9천억 원을 투자하겠다고 발표할 정도였으니까.

이 무렵 해양산업은 한국에게 제2의 조선업 부흥을 이끌 것으로 기대되었다. 조선·해운 관련 기업들도 기업의 주력 산업으로 해양플랜트에 막대한 자금을 투자하였다. 하지만 2015년부터 국제 유가의 하락과 국내 조선소들의 저가 입찰 경쟁, 기술력 미비에도 우선 수주하면 이익이라는 관행이 겹쳐 추락이 시작되었다.

당시 조선업의 불황에 더해 해양플랜트 산업의 적자로 인해 거제와 울산 등지의 협력업체의 줄도산과 숙련기술자의 이탈이 극심했다. 당시 울산과 거제가 '유령도시'가 되고 있다는 뉴스를 독자들도 심심찮게 보았을 것이다. 필자가 임원이 되어 설계 부문으로 복귀한 시점이 바로 2016년 이 시점이다. 필자가 설치 부문에서 해상설치공사와 육상플랜트 공사를 수행하고 복귀했

필자가 근무한 현대중공업 해양사업 야드 전경. 해양사업이 최대 활황이었던 당시의 모습이다.

을 무렵, 이미 해양사업은 최대의 위기에 직면하고 있었다.

당시 국내 해양산업의 현황

 앞서 설명한 바와 같이 해양산업은 바다 밑에 있는 원유와 가스(Oil & Gas) 자원을 탐사, 시추, 개발 및 생산, 운용하는 전 과정에 필요한 기술과 소요 장비 및 시설물을 제작하고 운송, 설치, 관리하는 서비스를 제공하는 사업을 말한다. 그중 국내의 빅3 조선소 위주로 이뤄지는 한국의 해양사업은 주로 해저에 있는 석유나 가스를 탐사, 시추, 생산하기 위한 시설이나 장비를 석유회사들로부터 수주해서 제작과 설치를 하는 사업에 주력했다.

 해양산업의 주요 과정은 석유회사인 발주처의 계획에 따라 시설과 장비를 제공하는 서비스를 국내 조선소에서 수행하는 것이다. 따라서 해양산업의 핵심 기술과 전문성은 발주처가 보유하고 있고, 발주처가 요구하는 입찰서의 Technical Specifications(기술 시방서)에 따라 설계, 구매, 제작과 설치 등을 수행해야 하는 우리의 해양사업은 원천적인 기술과 전문성의 한계를 가지고 있다.

리더를 만드는 말, 어서 와! 고마워!

다음으로 발주처가 요구하는 계약 내용과 방식이 일방적으로 발주처에 유리한 방식으로 고착되어 있었다. 계약 단계에서 발주처가 요구하는 설비와 장비는 구체화되지 않는다. 발주처는 다면 개념설계만을 제공하는데, 이 개념설계만으로는 향후 공사 과정에서 발생하는 수없이 많은 변수와 소요 금액을 타산하기란 불가능하다. 개념설계는 수행계획을 작성하기엔 그 구체성과 완성도가 너무 떨어지고, 계약적 구속력도 없어서 입찰 참가자가 단기간에 해당 자료를 참고로 견적을 타산하고 계획을 수립하기엔 한계가 너무 큰 것이다.

통상 발주처의 Technical Specifications에 따라 설계를 완성하려면, 약 1년 이상의 기간이 소요되지만 해양산업의 경우 2~3개월의 단기간 입찰 설계를 통해 견적해야 하므로 견적의 정확성에 문제가 있을 수밖에 없는 것이다. 게다가 발주처는 계약 시 입찰서의 모든 요구 조건을 만족했다는 계약자의 서면 보증을 요구하여 견적의 불확실성에 대한 모든 책임을 계약자에게 전가하였다.

계약은 발주처에게 유리하고 계약자에게는 불리한 불공정한 조건이 되지만, 공사 수주로 일감 확보가 필요한 계약자로서는 부득이 이러한 계약 조건을 받아들일 수밖에 없게 된다. 결국, 계약자는 공사 수행 중 일어날 수 있는 많은 변수에 대한 리스크를 안고 시작하는 꼴이다.

공사가 시작되어 설계가 진행되다 보면 잠재되어 있던 문제들이 수면 위로 올라오는데, 어찌 보면 예견된 문제들이다. 턱없이 부족한 기간의 견적으로 미처 파악하지 못했던 추가 상황들이 발생하고, 이는 추가적인 공사비를 초래하게 된다. 결국이에 따른 보상 문제로 발주처와 대립하게 된다. 계약적으로는계약자가 모든 입찰 조건을 만족했다는 보증을 하여 보상을 받을 수 없는 구조로 계약자에게 절대적으로 불리한 상황이다.

조선 3사 수주 경쟁

그러나 국제 유가가 높은 상황에선 추가로 원유나 가스를 생산하기 위해서 해양공사가 발주되는 것이고, 발주처는 이 시기를 놓치지 않고 일정대로 생산설비를 가동하는 것이 최우선의목표가 된다. 따라서 추가로 발생하는 공사금액을 일부 지급하고라도 하루빨리 원유를 생산하는 것이 발주처에 유리하다. 그래서 고유가 시기에는 공사를 하다가 적자가 발생해도 발주처와 협상을 통해서 추가되는 공사 금액을 보상받을 수 있게 되고공사의 수익성도 개선될 수 있었던 것이다. 그랬기에 불완전한 견적으로 시작해 큰 리스크가 있었던 공사도 공사 후에는 수익을 남길 수 있었다.

문제는 이런 경험으로 인해 공사는 일단 수주하는 것이 능사인 분위기가 형성되었고, 이것은 국내 조선 3사에 또 다른 수주 경쟁을 불러왔다. 한때 국내의 해양수주 총량이 조선에 버금가는 호황을 누리고 조선사업의 대체 사업으로까지 많은 관심이 고조되기도 하였다.

해양사업의 최대 활황이 최대의 위기로

해양사업의 수주가 최고점이었던 2010년대 중반에는 필자의 회사 경우 매년 수조 원의 수주를 하고 야드에는 20여 개의 해양공사가 동시에 진행되었다. 다양한 형태의 해양설비가 모두 모인 해양설비 전시장과도 같았다. 그 당시 외부에서 동원된 작업자만 해도 약 2만여 명이나 되었다. 할 일은 많고 작업자가 부족하다 보니 사지가 멀쩡한 사람은 다 데려와야 하는 상황이었다. 주변의 음식 배달원이 작업자로 동원되고, 심지어 건달이나 전자발찌를 착용한 사람도 작업자에 포함되는 웃지 못할 상황도 벌어졌다.

수많은 인원이 한정된 공간에 한꺼번에 동원되다 보니 여러 가지 문제가 연이어 발생했고 사무실은커녕 탈의실, 식당, 휴게실, 화장실 등 모든 시설이 부족했다. 근무를 시작하는 시간에는 모든 화장실마다 수십 명의 작업자가 줄지어 서 있게 되었고 점심시간에는 휴식 공간이 없어서 주차장 등 회사 내 모든 공간에는 작업자들이 누워서 휴식을 취하는 모습을 보는 일은 어렵지 않았다.

회사뿐 아니라 주변의 지역 경제도 특수를 누렸다. 당시 필자의 회사 주변에는 식당은 물론 다양한 형태의 술집도 늘 북적였고, 따라서 건물의 주차장도 임시구조물로 만들어 음식점을 운영하는 진풍경도 벌어졌다. 당시 주변 상인들은 이렇게 회상하곤 했다.

"그땐 정말 좋았지요. 동네에 강아지도 만원 지폐를 물고 다닐 정도였으니…. 하하하."

그러던 중 갑작스러운 유가 하락으로 해양공사의 수주 붐은 사라지고 진행 중인 공사에도 엄청난 타격이 왔다. 앞에 설명한 바와 같이 다수의 해양공사는 많은 리스크를 안고 공사를 시작한다. 단기간에 집중적으로 수주된 많은 공사는 보유 생산설비의 생산 능력을 초과하게 되고, 부족한 작업자들은 미숙련공으로 급조되어 작업 능률도 현저히 떨어지는 이중고를 겪으며 점점 더 어려운 상황으로 빠지게 되었다.

이러한 상황은 공사가 진행될수록 고스란히 추가비용으로 이어지고 있었다. 하지만 그저 전례대로 이러한 추가비용을 발주처로부터 보상받겠다는 희망을 품고 공사를 마무리하는 것 외에 달리 방도가 없었다.

그러나 그러한 기대와는 달리 유가 하락으로 발주처의 태도는 돌변하게 되었다. 유가가 떨어졌고 지속 하락세를 유지하고 있으니 발주처는 원유를 서둘러 생산할 필요가 없고, 오히려 판매가격이 내려가고 있으니 원가를 낮추어야 하는 당연한 상황에 직면하게 된 것이다.

발주처가 하루라도 빨리 공사를 인도받아 원유를 생산하는 것이 그동안 해양공사의 보상을 받을 수 있는 유일한 길이었으나 그 길이 갑자기 사라졌으니 모든 진행 공사는 일시에 대위기에 봉착하게 되었다. 결국 발주처로부터 보상받으려 했던 추가비용 수조 원은 모두 계약자의 부담으로 돌아왔다. 당시 전 세계의 해양시장을 주름잡던 국내 3대 조선소는 너 나 할 것 없이 수조 원의 막대한 손실을 보게 되었고, 이는 해양사업의 위기론을 넘어 사업 폐지론을 불러일으켰다.

사이클(Cycle, 주기)은
피해 갈 수 없다

해양사업의 위기, 조직 축소로 이어지다

지금까지 설명한 해양사업의 최대 전환기는 필자가 임원으로 재직한 시절에 일어난 일들이다. 필자는 새로운 분야였던 해상설치 부문에서 해양공사와 육상공사를 마치고 임원이 되면서 친정과도 같은 설계로 복귀하였다. 그때가 2016년으로 해양사업의 최대 위기가 막 시작하는 때였다.

앞의 상황처럼 국제 유가 하락으로 해양사업 신규 발주는 전혀 없어 신규 수주는 고사하고 기존에 수행 중인 수많은 공사를 어떻게 마무리하느냐가 관건이었다. 즉, 기존 공사의 손실을 어떻게 최소화하여 마무리하느냐가 회사 전체의 최대 과제로 부상한 것이다.

발주처로부터 보상은 이제 물 건너간 상황으로, 계약 대비 추가된 공사비는 대략 수조 원에 육박하는 것으로 추정되었다. 예상 손실액이 파악되는 즉시 회사에서는 시장에 공시해야 하므로 추정되는 금액은 바로 시장에 공시되었다. 경쟁 관계에 있는 타 조선사도 상황은 마찬가지, 연이은 손실 공시로 해양의 위기는 국내외로 급히 확산되었다.

이에 따라 회사에서는 추가 해양공사의 수주를 금지하고 기존 공사의 마무리를 종용했다. 이러한 분위기는 자연스럽게 해양조직의 축소로 이어졌다. 당시 필자가 담당한 설계 부문의 인원은 직영만 천여 명이었다. 안타깝게도 필자가 임원으로 돌아온 설계 부문에서의 가장 중요한 업무는 조직을 슬림화하여 고정비를 줄이고 기존 공사를 최대한 효율적으로 마무리하는 것이었다. 수많은 조직의 축소가 있었고, 이에 따른 직원들의 명예퇴직이 이어졌다.

32년 직장 생활 중 가장 가슴 아프고 힘든 시기

관리자로서 가장 하기 어려운 일들이 바로 직원을 내보내는 일인데, 이런 고통스러운 일이 주 업무가 된 것이다. 이런 과정을 거쳐서 1,000여 명이었던 직영 설계 인원이 250명까지 축소되었으니 약 칠팔백 명의 설계 직원들과 헤어져야 했다.

필자의 32년간 직장 생활 중 가장 가슴 아프고 힘든 시기였던 2016년, 전체 인원의 70% 이상을 줄이다 보니 정년을 몇 년 앞둔 소위 고참 직원만이 대상이 아니었고 40대 중후반의 그야말로 한창 전성기로 일하는 직원들도 많이 포함되었다. 소위 '살생부'가 만들어지고 있었고, 직원들은 본인이 어디에 해당하는지에 촉각을 곤두세울 수밖에 없었다. 어떤 직원들은 술에 취해 밤늦게 필자에게 전화하여 본인이 나가야 하는지를 묻기도 했다.

설상가상으로 기존 공사의 문제점은 늘어 가고 시급한 문제를 처리하는데도 정신이 없어 근무시간 대부분은 현안을 해결하고 퇴근 시간 후를 이용하여 전출이나 퇴직할 직원들을 개별적으로 면담하면서 통보하는 고난의 나날이 이어졌다. 부서별로 처리하도록 위임할 수도 있었으나 이런 일은 책임을 맡은 임원인 필자가 직접 하는 것이 옳다고 판단하여 매일 직원들과의 개별 면담을 진행했다. 정말이지 다시는 겪고 싶지 않은 일로, 필자의 마음도 찢어지는 순간들이었다.

새로운 비전을 찾아서

장기적인 비전을 만들어 가는 것만이 유일한 살길

고통의 연속인 수년이 지나고 악몽 같은 공사들도 하나씩 처리되었다. 해양조직은 독립사업부에서 본부를 거쳐 부문으로 축소되었다. 해양은 잔여 공사를 마무리하는 데 필요한 최소 인원만 남게 된 것이다. 인원도 부족하지만 그나마 이 인력을 유지하며 공사를 마무리하는 것도 녹록지 않은 상황이었다.

필자는 어떻게든 신규 공사를 수주하여 후속 일감을 확보해 인력을 유지하면서 장기적인 비전을 만들어 가는 것만이 유일한 살길이라도 판단하였다. 신규 공사를 수주하기 위해서는 입찰 설계를 수행해야 하는데 설계 인원은 부족한 상황이었다.

이를 해결하기 위해 필자는 상대적으로 여유가 있는 기술영업부 인원을 잔여 공사의 설계업무에 투입하여 최소한의 입찰 설계 인원을 확보해 이를 토대로 신규 해양공사의 입찰에 참여

했고, 수행 실적이 있는 견실한 고정식 해양구조물 공사의 기본 설계에도 참여할 수 있게 되었다. 당시 필자는 설계 담당자를 대동하여 발주처를 직접 방문하여 당사의 수행계획을 설명하여 발주처로부터 기본설계의 수행을 승인받을 수 있었다. 또한 때마침 조선의 수주 부족으로 건조 독(Dock)에 여유가 있었고 이를 활용할 수 있는 부유식 설비인 FPSO의 HULL을 EPC로 수주할 수 있게 되었다. 결국 당장 시급한 후속 공사를 확보할 수 있는 상황이 되었다.

수년의 고통스러운 시간을 견뎌 낸 남아 있는 해양 인원들은 해양사업에 대한 자부심과 애정이 있는 사람들이었으나 대부분 큰 상처를 마음에 담고 있었다. 의리와 충성심만으로 조직을 유지하는 것은 일시적일 수밖에 없다. 이제 해양조직에도 새로운 비전이 절실히 필요해진 것이다.

그러나 현실은, 궁극적으로 해양사업의 폐지가 거론되는 회사의 분위기와 중소 규모의 단일 공사로는 고정비를 극복하여 이익을 남길 수도 없었다. 일을 열심히 해도 손해가 나고 미래의 일감도 보장이 없는 상황인 것이다.

'이런 상황에서 어떻게 비전을 만들 수가 있겠나? 회사 전체가 아닌 한 부문에서 회사의 방침과 다른 비전을 만들

수가 있는 건가? 설사 만든다고 하여도 그 비전을 어떻게 제시하고 누가 그 비전을 따를 수 있겠나?'

비전의 열망을 고민할수록 필자의 머리에는 온통 꼬리에 꼬리만 무는 질문만 떠올랐다.

큰 위기 속에서 우리만의 비전을

해양사업이 급속도로 쇠퇴하는 시기에 전 세계적으로 에너지 패러다임에 큰 변화의 물결이 일었다. 지구 온난화 등의 문제로 많은 나라가 탄소 중립을 선언하게 되고 이는 곧 탄소세의 의무적인 부과로 이어졌다. 따라서 선진국을 중심으로 여러 국가가 탄소 중립을 선언하고 에너지전환 정책에 동참하게 되었다. 즉, 탄소를 배출하는 화석연료를 청정에너지인 신재생에너지로 대체하는 움직임이 일어난 것이다.

필자는 이 에너지전환이야말로 해양에 비전을 만들 수 있는 돌파구라고 확신하였고, 바로 연구소와 협의하여 신재생에너지의 설비에 대한 연구과제에 착수하여 부유식 해상풍력에 적용될 우리만의 독자 부유체 모델을 개발하게 되었다. 그리고 부유식 해상풍력 개발자들을 접촉하여 당사의 기술력과 사업수행계획 등을 홍보하여 당사가 EPC사업 파트너로서 개발자와 함께 사업을 추진하는 기회를 만들어 나갔다.

하지만 당시 회사는 신사업인 부유식 해상풍력 사업에 매우 회의적이었고, 따라서 필자가 관련 업무를 추진하는 데 많은 제약 등 어려움이 있었다. 이를 극복하기 위해서 필자는 그 사업의 타당성 평가자료 및 당사의 추진 방향을 단계별로 상세히 준비하여 전체 로드맵을 보고하였다. 또한 추진 단계마다 철저한 리스크 분석을 하여 매 단계 최고경영진의 승낙을 받으며 사업을 추진할 수 있게 되었다.

결국, 기존의 해양사업은 적정 규모로 수익성을 낼 수 있는 공사를 선별 수주하여 리스크는 줄이고 수익을 담보하고 해상풍력 등 신재생에너지 사업으로 미래의 청사진을 그릴 수 있게 되었다. 사업의 존폐로 조직이 와해할 수 있는 큰 위기 속에서 우리만의 비전을 만들 기회를 찾게 된 것이다.

포기하지 않으면 기회는 온다

필자는 우선 평소 긍정적이고 적극적인 휘하의 관리자들을 중심으로 우리만의 비전을 상세한 수행계획으로 만들어 부문의 모든 직원과 내용을 공유하는 것으로 진행하였다.

우리의 비전은 해양만의 비전이 아닌 회사 모두가 공감하는 비전이 되어야 회사의 비전으로서 추진될 수 있다. 그래서 회사 전체의 부문장급을 대상으로 해양의 미래라는 워크숍을 개최하여 우리의 비전에 회사 전체 부문장급 모두가 공감하는 비전으로 만들었고 대표이사님의 공감까지 이끌어 내 뒤풀이 회식 비용까지 덤을 얻었다.

워크숍에 참석한 몇몇 임원들은 해양사업에 대한 불신이 있는지라 해양사업 전반에 대한 우려와 걱정의 목소리가 나오기도 하였다. 그러나 결국은 워크숍 취지인 해양의 미래 비전으로 수렴되어 우리가 준비한 '견실한 해양공사의 수주와 신재생에너지 사업의 진출로 미래 먹거리 창출'이라는 안(案)에 동의를 구할 수 있었다.

필자는 지금도 그 순간을 잊을 수가 없다. 필자의 철학 중 하나인 '포기하지 않으면 기회는 온다. 절대로 포기는 없다.'가 이루어진 것이다. 사업 폐지의 위기로 와해되어 가는 조직에 우리만의 비전을 만든 순간이다. 특히 워크숍 결과를 필자로부터 보고 받은 대표이사님의 최종 코멘트, "그래, 추진하는 방향성이 맞으니 잘 준비해 봐!" 얼마나 듣고자 했던 말이었는가!

세대교체는
선택이 아닌 필수

조직의 지속과 성장을 위해 필요했던 결단

　해양사업의 존폐 위기를 겪으면서 해양설계 인원은 70% 이상 축소된 250명 규모로 운영되게 되었다. 그나마 소수로 남은 직원들은 해양사업에 대한 애정과 책임감으로 최선의 노력을 하여 잔여 공사도 조금씩 마무리되어 가는 때였다. 하지만 인원이 절대적으로 부족한 상황에서 관리자는 물론 모든 직원들 역시 지쳐 가고 있었다. 게다가 사업의 존폐 위기 상황이므로 인원을 충원하거나 남은 인원의 승진도 여의치 않았다.

　하지만 여느 때보다 조직의 지속과 성장을 위해서는 조직 구성원에게 동기 부여가 절실하였다. 어떻게든 조직에 새로운 바람을 넣어서 살아 있는 선순환의 조직으로 만드는 것이 필요했다. 필자는 부족한 인원인 현 조직 내에서라도 세대교체를 추진해서 조직에 조금이라도 활력의 바람을 넣는 것이 필요하다고 판단하였다.

세대교체가 쉽지 않은 이유

그러려면 우선 부서장들을 교체하여 부서 전체의 세대교체가 필요했다. 기존 부서장의 교체는 필자에겐 피하고 싶은 숙제로, 또 한 번의 뼈를 깎는 고통이었다. 세대교체가 쉽지 않은 이유가 있다. 첫째, 업무 경험과 조직 장악력의 문제다. 둘째는 도의적인 문제이다. 이제껏 어려운 상황에서 고생만 한 부서장들을 토사구팽(兎死狗烹)할 수는 없는 것이다.

부서장들은 필자와 한두 해 차이로 젊은 시절부터 동고동락해 왔던 사이로 마음이 갈 수밖에 없었다. 그렇다고 조직이 정체된 상태로 죽어 가도록 만들 수는 없는 상황이었다. 어떻게든 해법을 찾아야 했다.

부서장들의 헌신으로 이룬 세대교체

부서장들과 회식 자리를 만들어서 술을 한잔하면서 이야기하기로 하였다. 평소에도 부서장들과 회식을 종종 했던 터라 편안한 술자리가 익어 갔다. 취기가 약간 올라오고 필자는 부서장들의 눈치를 보며 어렵게 세대교체의 이야기를 꺼내 의견을 물었다. 순간 술자리는 싸늘한 정적으로 변했다. '이 어색한 분위기를 어찌해야 하나?' 고민하는 순간도 잠시, 이구동성으로 부서장들이 한 이야기.

"이제 후배에게 자리를 내줄 때가 됐어요."

이날 술을 얼마나 마셨는지 기억이 없을 정도로 취기를 느끼며 부서장과의 회식을 마쳤다. 자리를 내어 달라는 무리한 요청을 흔쾌히 후배들을 위해서 받아 주고 또 그 어색한 분위기를 없애려고 끊임없는 "후배들을 위하여"란 건배사를 외쳐 준 L 부서장, K 부서장, L 부서장, S 부서장 그리고 K 부서장…. 정말 고마웠어! 그리고 많이 미안해!

지금도 그 전임 부서장들은 필자에게 좋은 친구 같은 존재로서 함께하고 있다. 이들 부서장의 헌신으로 조직 내에 세대교체를 이룰 수 있었고, 신임 부서장들은 선배들의 배려에 보답하듯 맡은 역할에 최선을 다하고 있다.

Chapter 7

비전을 공유하고
실천하라

삼삼오오 짝을 이루어 정상을 향했던 200여 명의 직원은 자
연스럽게 산 정상에 도착해 한곳으로 모였고, 자발적으로
자신이 혹은 자신의 팀이 어떻게 어려움을 극복하고 우리의
비전을 달성했는지에 대해서 회상하였다. 이야기가 진행되
는 동안 서로 대기 순번을 다툴 정도로 이 이야기 릴레이는
꽃을 피웠고, 이야기가 끝날 때마다 많은 박수가 쏟아졌다.
특히 이야기한 팀이나 부서 이름을 모두 함께 큰 소리로 연
호하는 열렬한 격려에 분위기는 점점 더 고조되어 갔다.

모든 계획은
실현 가능해야 한다

모두가 참여하여 함께 비전을 달성해 나가다

그렇게 절실했던 우리만의 비전을 만들었다. 캄캄하고 끝이 보이지 않은 터널에서 작은 서광을 바라본 것이다.

> "이제 됐어! 모든 직원에게 알려야 하니 바로 설명회 자료를 만들어 봐!"

필자가 가장 신임하는 한 부서장에게 지시한 말이다. 그는 부서장 중 가장 젊은 나이로 잠재력을 보고 필자가 과감하게 부서장을 맡게 한 유능한 인재이다. 필자를 젊은 시절에 부서장으로 발탁해 주신 필자의 상사로부터 배운 인사였다. 부서장에게 비전 설명회 자료를 준비하도록 하고, 필자는 설명회를 어떻게 진행을 해야 할지 고민이 되었다.

그런데 그에 앞서 필자에게 떠오른 것은 '모든 계획은 실현 가능해야 한다.'라는 말이었다. 비전이 조직의 미래 계획인데 그렇다면 실현이 되어야 한다. 우리의 미래에 대한 밝은 청사진을 제시하는 것도 중요한데, 무엇보다도 모든 직원이 직접 참여하여 실행할 수 있는 명확하고 구체적인 실행 계획을 만드는 것이 우선이었다.

또한 비전이 구호로 그치지 않으려면 비전 실현을 위한 목표와 결과를 지속적으로 공유하여 달성 과정을 주기적으로 평가하고, 필요한 사항을 보완하여 현실에 맞게 유지해야 했다. 따라서 휘하 임원 및 부서장과 함께 비전의 내용을 보다 구체화하는 작업, 즉 목표를 세분화하고 목표별로 실현이 가능한 대상을 정해 항목별로 달성 일정을 추가하고 주기적인 성과 측정과 피드백도 포함하여 모두가 참여하여 함께 비전을 달성해 나가는 체계적인 실행 계획을 만들게 되었다.

6개월마다 주최되는 비전 설명회의 힘

비전 설명회는 임원들과 함께하기로 하였다. 부문 내 모든 직책자들을 모아서 필자가 직접 프레젠테이션을 통해서 함께 공유하고 이후에 담당 임원별로 휘하 직원들에게 설명하도록 하였다. 비전의 구체적인 추진 계획은 부서 단위로 역할을 구분하여 실시하게 하고 임원 단위로 계획 대 실적을 관리하여 진행하게 하였다.

비전 설명회는 일회성으로 그치지 않고 6개월 단위로 성과를 공유하고 계획을 업그레이드하는 것으로 추진하였다. 막연한 미래의 계획이 아닌 실현 가능한 구체적인 비전으로 직원 전체가 공감하고 주도적으로 참여하도록 하기 위함이었다. 또한, 임원이나 부서장들도 6개월 이내에 제대로 된 결과를 내야 하는 책임감을 느끼도록 하는 효과가 있었다.

필자는 주별로 계획 대 실적을 점검하며 변경이 필요한 부분은 개선해 나가면서 전체를 관리해 나갔다. 모든 환경이 급변하는 시대이므로 우리의 비전도 변화에 따라 진화해야 하기 때문이었다.

비전 설명회를 실시한 초기에는 일부 직원들은 시큰둥한 반응을 보였다. 비전의 방향성과 추진 계획에는 동의하면서도 '이게 과연 이루어질 수 있겠나?' 하는 의구심을 가지기도 하였다. 필자는 비전의 추진 현황을 점검하는 동시에 직원들과 그룹별로 면담하여 이를 통해서 파악한 직원들의 반응들을 지속 반영했다. 6개월마다 비전 현황을 업그레이드해 설명회를 통해서 직원들과 지속해서 공유하였다. 그 후 1년이 지나면서 비전의 계획은 하나둘씩 결과로 나타나고 직원들의 참여는 놀라울 정도로 적극적으로 되었다.

비전이 현실로 이루어지다

모두의 절실함이 하늘에 닿은 것인지…. 2022년 상대적으로 리스크가 적고 수익을 낼 수 있는 해양공사를 수주하게 되었다. 다행히 당시 유가도 회복이 되어 해양공사의 발주가 늘어나는 반면에 장기간 해양사업의 침체로 경쟁업체가 줄어들어 해양사업은 Buyer's Market(구매자시장)에서 Seller's Market(판매자시장)으로 전환되었다. 발주처의 일방적인 요구에 따를 수밖에 없었던 해양공사의 계약 조건이 계약자의 의견이 중시되는 상황으로 반전된 것이다. 즉, 계약자가 '슈퍼을'이 된 것이다.

또한, 국내 동해상에 설치 예정인 첫 번째 부유식 해상풍력 사업에 우리의 독자 설계모델이 선정되어 기본설계를 진행하게 되었다. 즉, 부유식 해상풍력의 FEED(기본설계)[1]를 독점으

1　　Front End Engineering Design의 약어이며 대규모 산업 프로젝트, 특히 석

로 수주하게 되었다. 우리의 비전이 현실로 이루어지고 있는 것이다.

포기하지 않고, 현장에서 답을 얻고자 하니 이후로도 견실한 해양공사를 추가로 수주하게 되어 일감을 확보하게 되었고, 신재생에너지의 대표사업인 부유식 해상풍력 사업도 많은 투자사로부터 제안을 받아서 개념설계와 기본설계에 참여하게 되었다.

필자가 기본설계를 수주한 동해상 부유식해상풍력단지의 조감도

유화학, 가스, 에너지 등 분야에서 중요한 단계로서 프로젝트의 초기 설계 및 계획을 수행하는 기본설계에 해당한다.

리더를 만드는 말, 어서 와! 고마워!

화석에서 그린으로,
SMR 비전의 창출

필자는 견실한 해양공사 수주 및 신재생에너지 공사 참여와 같은 미래 먹거리에만 안주할 수 없었다. 장기적인 미래의 먹거리 확보와 그룹 전체의 대외적인 이미지도 높일 수 있는 전략적 사업을 추진해야 했다. 새로운 에너지 전략으로 떠올랐던 SMR 과 전 국민의 관심 속에 우주로 날아올랐던 나로호와 누리호 관련 한국형발사대 사업은 필자가 전담팀을 직접 구성하여 성공한 사업이다.

탄소제로 정책과 에너지 공급망의 교란 속에 급부상한 SMR

SMR(Small Modular Reactor, 소형모듈원전)은 기존의 대형 원자로에 비해 작고 모듈화된 형태의 원자로를 의미하는 것으로, SMR은 여러 가지 면에서 기존 원전과 차별화된다. 현재 미국 · 프랑스 · 한국과 같이 차세대 에너지 산업을 주도하는 원전 강국의 기업들이 SMR 시장을 놓고 각축을 벌이고 있다.

우선 SMR은 작고 모듈화된 디자인으로 인해 기존 원자로보다 작게 설계되어 소규모 전력망이나 원격지에서도 효율적으로 설치 및 운영할 수 있다. 모듈화된 디자인 덕분에 공장에서 미리 제작한 후 현장에서 조립하는 방식으로 건설 기간과 비용을 줄일 수 있다.

안정성에서도 크게 향상되었다. SMR은 자연 순환냉각 등 수동적 안전 시스템을 통해 사고 발생 시에도 외부 전력이나 인력이 필요 없이 스스로 안정성을 유지할 수 있어 대형 사고의 위험이 크게 줄어든다. 또한 전력 수요에 따라 유연하게 출력을 조절할 수 있어, 재생에너지와 함께 사용될 때 전력망의 안정성을 높일 수 있다. 건설비용을 절감하고 단계적으로 확장할 수도 있어 자본 부담을 분산시키는 장점이 있다. 러시아 우크라이나 전쟁 이후 더욱 각광받고 있는 기술이다.

원자력, 탈탄소 에너지로 다시 부각되다

우선 원자력이 최근 탈탄소 에너지로 다시 부각된 배경에는

리더를 만드는 말, 어서 와! 고마워!

여러 가지 요소들이 복합적으로 작용하고 있다. 우선 유럽의 텍소노미(EU Taxonomy)[2] 선정의 영향부터 살펴보자.

유럽연합은 2022년 7월, 원자력을 '녹색 에너지'로 분류하는 텍소노미 규정을 채택했는데 이는 원자력이 탄소 배출이 적은 에너지 원천으로 인정받았기 때문이다. 텍소노미에 포함됨으로써 원자력 발전 프로젝트는 녹색 금융과 투자 유치를 더 쉽게 할 수 있게 되었고, 이는 원자력 발전소 건설과 운영에 필요한 자금을 확보하는 데 큰 도움이 되었다.

2014년 파리협정 비준국은 2050년까지 탄소중립을 달성하겠다는 목표를 달성하기 위해 화석연료와 친환경재생에너지에 더해 원자력을 적정 비율로 믹스한 에너지 정책을 수립했는데, 단연 원자력은 화석연료 감축에 대한 가장 효과적인 대응책으로 각광받고 있다.

원자력은 안정적이고 대규모의 전력을 공급할 수 있어 재생에너지의 간헐성을 보완할 수 있기 때문이다. 태양광과 풍력 같

---

2   지속 가능한 경제 활동을 정의하고 분류하는 체계로, 유럽연합(EU)이 기후 변화와 환경 보호 목표를 달성하기 위해 도입한 것이다. 텍소노미는 금융 시장에서 녹색 투자를 촉진하고, 기업이 환경적으로 지속 가능한 활동을 명확히 구분할 수 있도록 돕기 위해 마련된 것으로 이를 통해 유럽연합은 2050년까지 탄소 중립을 목표로 하고 있다.

은 재생에너지는 발전량이 불안정하다는 단점이 있는 데 반해 원자력은 이러한 간헐성을 보완해 안정적으로 전력을 공급할 수 있다. 무엇보다 에너지 안보와 공급 안전성에서의 강점 또한 원자력에 대한 투자가 확대되고 있는 이유다.

2022년 러시아의 우크라이나 침공 이후, 유럽을 비롯한 여러 국가가 에너지 안보의 중요성을 재인식하게 되었다. 원자력은 외부 에너지 공급망에 대한 의존도를 줄이는 데 도움이 된다. 이에 따라 원자력은 연료비의 변동에 비교적 덜 영향을 받기 때문에 안정적인 전력 가격을 유지할 수 있는 장점이 있다.

한국 정부의 원자력 정책 변화도 중요한 동력이 되었다. 새 정부는 탈원전 정책을 철회하고 원자력 발전을 확대하는 정책을 추진하고 있으며 이는 에너지 안보와 경제적 이유, 그리고 기후 변화 대응을 고려한 결정이라 볼 수 있다.

이에 따라 신한울 3·4호기 건설 재개 등 새로운 원전 건설 프로젝트를 추진하여 원자력 비중을 높이고 있으며, 원자력 발전소 수출을 통해 국제 원자력 시장에서의 입지를 강화하고 있고 UAE 바라카 원전 프로젝트 성공 이후 2024년 체코에서의 원전 수주 성공 등 추가적인 수출 기회를 모색하고 있다. 원자력 분야의 연구개발 투자를 확대하여 차세대 원자로 및 관련 기술 개발 또한 촉진하고 있다.

전담팀을 구성해 3단계 로드맵을 구축하다

미국 테라파워 社 SMR 조감도

    당시 SMR은 노후 원전 및 석탄화력발전소 교체 목적으로 시장의 확대가 전망되었다. 아직 상업적 목적의 SMR 사례는 없으나, 2035년까지 65~85GW 규모 약 200기의 SMR의 수요가 예상된다. 이에 따라 회사에서도 이 사업에 참여를 결정하게 되었으며 이를 추진하기 위해 필자는 SMR 사업 전담팀을 구성하여 총 3단계에 걸친 로드맵을 구축하였다.

    – 1단계 : 실증공사입찰을 통해 사업 타당성 검토 단계

    – 2단계: 실증공사 수행을 통해 본격적인 사업화 준비 단계

    – 3단계: SMR 신사업을 다각화하여 추진

현재 이 SMR 사업 전담팀은 1단계를 추진 중이며 미국 T사의 실증공사 입찰에 참여하고 있다.

리더를 만드는 말, 어서 와! 고마워!

극한의 기술,
한국형발사대 사업

독자적인 우주 발사체 기술 능력을 갖추다

한국의 발사대 사업은 1992년 나로호(KSLV-Ⅰ)부터 시작하여 현재의 누리호(KSLV-Ⅱ)까지 이어지고 있다. 이를 통해 우리나라는 독자적인 우주 발사체 기술을 개발하고, 위성을 독자적으로 발사할 수 있는 능력을 갖추게 되었다. KSLV(Korea Space Launch Vehicle)는 한국형 우주 발사체를 의미한다.

KSLV 프로젝트는 한국이 독자적인 우주 발사체를 개발하여 우리의 위성을 궤도에 올릴 수 있는 능력을 갖추기 위해 시작된 프로젝트로 크게 2단계로 분류하는데, KSLV-Ⅰ(나로호)와 KSLV-Ⅱ(누리호)로 불린다. 우선 한국형 발사대 사업의 주요 역사를 짚어 보자.

■ 나로호(KSLV-Ⅰ)

나로호(KSLV-Ⅰ) 프로젝트는 1992년에 시작되었다. 우리나라는 당시까지 해외 발사체를 이용해 위성을 발사해 왔으며, 독자적인 우주 발사체 개발의 필요성이 절실하였다. 이를 위해 러시아와 협력하여 나로호를 개발하게 되었고 1단 로켓은 러시아의 앙가라 로켓을 기반으로 한 것이며, 2단 로켓은 우리나라에서 개발하였다.

이렇게 개발된 나로호는 2009년과 2010년에 두 차례 발사했으나 모두 실패했고, 이후 2013년 1월 30일 세 번째 발사에서 성공적으로 위성을 궤도에 올리며 우리나라의 첫 번째 우주 발사체 성공을 기록하게 되었다. 나로호 발사 성공으로 한국은 독자적인 우주 발사체 기술을 보유한 국가로서의 입지를 다지게 되었고 나로호 개발 과정에서 얻은 기술적 노하우(Know-How)는 이후 누리호 개발에 중요한 기초가 되었다.

■ 누리호(KSLV-Ⅱ)

나로호 이후, 러시아의 협력 없이 완전한 우리의 독자 기술로 발사체를 개발하고자 하는 목표를 세우게 되었으며 이를 위해 시작된 프로젝트가 바로 누리호(KSLV-Ⅱ)이다. 누리호는 3단 구조의 발사체로, 모든 단계를 우리의 독자 기술로 개발했다.

발사체는 한국항공우주연구원(KARI)이 주도하여 로켓 엔진, 추진 시스템, 제어 시스템 등의 핵심 기술을 개발하였고, 발사대는 발사체를 지지하고, 연료를 주입하며, 발사 시 필요한 다양한 시스템을 포함하는 것으로 현대중공업이 독자적으로 설계하고 제작하였다. 또한, 발사체의 상태를 모니터링하고 제어하는 역할을 하는 지상관제 설비도 현대중공업이 설계하고 구축하였다. 누리호는 최초의 3단형 발사대를 100% 우리 기술로 구축한 쾌거이기도 하다.

발사체의 옆에 세워져서 추진제와 연료산화제, 가스와 각종 전기설비를 공급해 주는 엄빌리컬 타워에 집약된 기술이나 발사체를 완벽한 각도로 잡아 주며, 발사체가 화염을 뿜으며 나아가려 할 때에도 강한 힘으로 지탱하다가 일정한 추력에 도달했을 때 4개의 고정대가 일시에 부드럽게 해제되는 지상고정장치 등에는 10년이 넘는 세월 동안 연구원들이 흘린 땀이 농축되어 있다. 그래서 우주발사체 발사대엔 세계 최고 극한의 기술이 집약되었다고 말하는 것이다.

누리호 발사 성공의 역사

누리호의 첫 번째 시험 발사는 2021년 10월 21일에 이루어졌다. 이 발사에서는 위성을 궤도에 올리는 데 실패했지만, 발사체의 주요 시스템과 엔진의 성능을 확인할 수 있었다.

두 번째 발사는 2022년 6월 21일에 이루어졌다. 이 발사로 성능검증위성을 궤도에 성공적으로 안착시켰고, 이는 우리나라가 독자 기술로 개발한 발사체로 위성을 궤도에 올린 첫 사례가 되었다.

그리고 2023년 5월 25일, 누리호의 세 번째 발사가 성공적으로 이루어졌으며, 차세대소형위성 2호를 비롯한 여러 위성이 궤도에 성공적으로 배치되었다.

누리호 개발을 통해 우리나라는 발사체의 설계·제작·시험·발사에 이르는 전 과정에서 독자 기술을 확보했으며 누리호 발사 성공은 한국 우주 산업의 발전을 촉진하고, 민간 기업들의 우주 개발 참여를 유도했다.

한국형발사대와 인연을 맺다

현대중공업이 담당한 한국형발사대 사업은 발사대와 지상관제 설비를 설계와 제작 및 시스템 구축과 운용이었다. 설계 이후 제작과 시스템 구축 그리고 운용과 유지 보수 등의 대부분 작업이 현장에서 이루어지기에 직원은 모두 현장인 나로우주센터에서 근무하게 된다. 나로우주센터는 우리나라 전라남도 고흥군에 위치한 우주 발사 시설이다.

이렇듯 현장을 운용하고 유지보수하는 업무가 주인 현장조직을 필자가 담당하는 설계 부문에서 맡게 된 데는 사연이 있다. 2020년 한국형발사대가 소속된 플랜트 화공기기 사업이 폐지되면서 한국형발사대 조직이 소속될 새로운 부문이 필요해졌다. 현장조직은 통상적으로 공사 관리 부문에 속하지만, 필자의 판단은 달랐다.

'한국형발사대 사업은 당사가 독자적으로 설계하여 직접 운용하는 것으로 무엇보다도 기술력이 중요하고, 또한 이후 차세대발사대 추가 사업의 참여도 고려하여 기술 전문조직인 설계 부문에서 담당할 필요가 있다.'

무엇보다 현장조직은 해당 사업의 중요성과 높은 기술적 지원이 필요한 사업임에도 15명으로 구성되어 있었다. 별도의 독립된 조직으로 구성하기에는 규모와 가용할 수 있는 역량이 적었다. 무엇보다 발사를 준비하는 과정에서 필연적으로 본사의 설계 조직의 지원을 받아야만 했다. 또한 이후 시행되는 차세대 발사대의 수주를 위해선 먼저 기본설계 용역부터 수행해야 했기에 설계 부문으로 편입하는 것이 효과적이다. 따라서 필자는 최고경영층에 이를 설명하여 자원하여 한국형발사대와 인연을 맺게 되었다.

현장과 직접 소통하고 지원하며 이룬 쾌거

이 한국형발사대 현장은 본사에서 약 250㎞ 떨어져 있고, 항공우주연구원과 함께 발사를 위한 시설의 유지보수 업무를 자체적으로 수행하고 있어서 본사와의 교류나 협력이 적은 상태였다. 일부 직원들은 소속 본사로부터 소외감을 가지고 있는 상태였고, 현장을 잘 모르는 설계 부문에 소속된 것을 우려하기도 하였다.

물론 필자가 이 현장조직을 자원하여 맡기 전에 현장소장과 사전 합의를 통해 진행된 것이지만 현장의 일부 직원들의 우려는 계속되었고, 필자는 이러한 우려를 불식시키는 데는 무엇보다도 본사에 대한 소속감이 필요하다고 판단하여 현장조직을 독립팀에서 모든 공사의 설계를 관리하는 EM(Engineering Management) 부서로 소속시켜 본사에서 지원이 필요한 사항을 직접 소통하며 지원토록 하였다.

필자도 현장을 방문하여 직원들을 격려하였고, 소속부서인 EM부 부서장/팀장이 현장의 정기 회의에 직접 참석하여 현장의 현황을 공유하고 반대로 현장 직원도 필요할 때 본사로 출장하여 언제든 업무 협의를 할 수 있도록 하여 본사와 현장 간의 업무도 안정화되어 갔다.

덕분에 당사가 담당하는 발사대와 지상관제 설비는 모든 발사에서 제 성능을 다할 수 있었고, 2022년 6월 21일 두 번째 누리호가 성공적으로 성능검증위성 궤도에 안착 그리고 2023년 5월 25일 세 번째 누리호까지 성공적으로 궤도에 안착하게 되었다. 한국형발사대 사업은 발사체 추력을 300톤에서 500톤으로, 그리고 최대 적재 위성도 3.3톤에서 10톤으로 업그레이드하는 차세대발사대 사업으로 추진되고 있으며 필자가 재임 시절 현장과 본사 합동팀을 구성하여 추진한 차세대발사대사업의 기본설계를 수주하여 진행하고 있다.

현대중공업이 구축한 한국형발사대에서 준비를 마친 누리호

2022년 6월 21일 오후 4시, 2차 발사에 성공한 누리호

리더를 만드는 말, 어서 와! 고마워!

지금도 필자의 가슴을 뜨겁게 하는 누리호 발사 현장, 특히 누리호 발사 순간을 현장에서 지켜보며 대표이사님과 현장 직원들 모두 손에 땀을 쥐며 성공을 기원했던 일들은 누구나 경험하고 싶다고 경험할 수 있는 일은 아닐 것이다. 이후 누리호의 발사 성공을 치하하기 위해 대표이사님은 현장 직원들을 모두 울산 HD현대중공업 본사로 초대해 격려해 주시며 멋진 만찬을 대접해 주셨다.

H 소장! 그리고 한국형발사대 모든 직원! 차세대발사대 사업 성공까지 파이팅!

갓바위에 엎드린
사내들

비전을 공유하고 성과를 낼 수 있었던 숨은 노력

어려운 위기에서 우리만의 비전을 찾아내고 그 비전을 구체화하여 모든 직원과 공유하여 조금씩 성과를 낼 수 있었던 데에는 또 하나의 숨은 노력이 있었다. 해양 부문 축소 후 조직이 생존할 수 있는 비전을 만들기 위해 임원, 부서장과 고민하며 하루하루를 보내던 때였다.

> "부문장님, 이번 일요일 새벽에 백팔배(百八拜) 하러 갈
> 생각인데 어떠세요?"

기술영업 부서장의 제안이었다. 당시 필자는 설계부와 기술영업부 두 부서의 시너지를 위해 새로이 기술영업부도 함께 맡아 새로운 공사의 입찰을 준비하고 있었다. 설계의 결과물을 토

대로 수행계획을 작성하므로 선행과 후행인 업무를 담당하는 두 부서를 융합하여 공사 수주에 필요한 전략을 수립하여 같은 목표를 향해 추진하기 위해 필자가 담당하게 된 것이다.

해양사업의 위기로 인해 새로운 입찰공사마다 철저한 엄격한 리스크 평가위원회가 열리고 통상의 기준보다 훨씬 보수적인 수행계획이 요구되었다. 이때마다 그는 관련 부서와 수차례 협의와 설득을 하고 해외의 자원을 활용하여 부족한 부분을 채우며 어떻게든 가능한 실행 방안을 함께 만들어 온 유능한 관리자로 필자가 늘 고마워하는 사람 중 하나였다.

절실한 마음을 하나로 모으다

산이 포함된 영남 지방에서는 가장 기가 세고 좋다는 대구 팔공산에 있는 갓바위로 가서 정성을 들이자는 제안이었다. 뜻밖의 제안이고 왠지 미신에 의존하는 것 같기도 하였지만, 종교나 미신 여부를 떠나서 절실한 마음을 모으는 것은 좋을 것 같아 머뭇거림 없이 함께하기로 하였다. 기왕 하는 거 동트는 시간에 정성을 들이는 것이 가장 좋다고 하여 새벽에 모여서 출발했다.

참여자는 필자와 기술영업부 부서장과 두 명의 팀장으로 총 4

갓바위에서 백팔배를 마친 후 임원들과 함께, 왼쪽에서 두 번째가 필자

명이 승용차를 이용하였다. 대구에 있는 팔공산 갓바위는 필자가 사는 울산에서 승용차로 약 두 시간 정도의 거리이기에 일출 시각을 고려하여 새벽 4시 이전에 출발해야 했다. 12월의 새벽은 매서운 칼바람으로 몸을 움츠리게 하였지만, 직원들과 함께 정성을 들이러 간다는 든든함 덕분인지 1시간 정도 소요되는 가파른 산행도, 생애 처음으로 하는 백팔배도 힘든 줄 모르고 잘

마무리하게 되었다. 오히려 백팔배를 통해 마음이 비워지고 편안함마저 느끼게 되었다.

세상에 비밀은 없다고, 공사 수주까지 이어지니 새벽 백팔배는 자발적인 참여가 늘어나면서 부문의 전체 임원과 부서장으로 확대되었다. 이후 새해가 밝는 첫날에 모두 모여 새해의 첫 일출과 함께 백팔배를 하며 절실한 마음을 하나로 모았고, 돌아오는 길에 해장국을 함께하며 주고받은 이야기들은 술잔을 기울이거나 등산을 함께하는 어떤 팀 빌딩보다 강력하게 모두를 하나로 모아 주었다.

이러한 모두의 절실함이 통했는지, 우리의 비전인 신규 해양 공사 수주와 신재생에너지 사업의 진입은 하나씩 우리가 바랐던 결과를 안겨 주었다.

억새밭 사이로 흐르는

조직의 분위기 쇄신을 위해 필요한 것은?

해양사업이 존폐의 기로에 놓이자, 회사 안에서는 해양사업 담당자들에 대한 날카로운 여론도 생겨났다. 이러한 분위기 속에서도 축소된 해양사업을 살리기 위해 노력한다는 것은 쉬운 일이 아니었다. 분명 조직의 분위기 쇄신을 위해 새로운 바람이 필요한 시점이었다.

'이 일을 누가 언제 어떻게 한 것이 중요한 것이 아니다.
지금 남아서 일하고 있는 우리가 모든 일의 책임자다.'

이러한 각오로 모든 비난과 질책을 이겨 내며 묵묵히 맡은 일을 처리해 온 직원들에게 우리가 이룩한 미래 해양의 새로운 불씨를 공유하고, 그동안의 노고를 서로 위로하며 모두 하나가 되

리더를 만드는 말, 어서 와! 고마워!

는 자리가 필요했다.

모두가 수평적으로 하나가 되는 진정한 단합의 자리

2023년의 늦은 가을, 필자는 휘하 부문 전 직원(본사는 물론이고 한국형발사대 현장을 포함한 모든 직원)이 함께할 수 있는 산행을 계획했다. 팬데믹 등 여러 가지 상황이 겹쳐 지난 몇 년 간 진행할 수 없었던 산행이다 보니 괜스레 소풍 가는 어린이처럼 조금 들뜨기도 했다.

전 직원 모두 회사 버스를 타고 억새군락지인 간월재로 향했다. 때마침 가을 절정기를 이룬 억새군락이 한껏 뽐내고 있었다. 절정기의 억새군락의 화려한 자태마저도 필자에게는 고난과 역경 속에서 우리가 일군 값진 결실에 주눅이 들어 스스로 고개를 떨구는 듯한 생경한 느낌을 주어 발걸음을 멈추게도 했다.

삼삼오오 짝을 이루어 정상을 향했던 200여 명의 직원은 자연스럽게 산 정상에 도착해 한곳으로 모였고, 자발적으로 자신이 혹은 자신의 팀이 어떻게 어려움을 극복하고 우리의 비전을 달성했는지에 대해서 회상하였다. 이야기가 진행되는 동안 서

필자가 책임자로 있던 부문의 전 직원이 함께했다.
정상의 억새군락지에 오르자 거짓말처럼 하늘이 비었다.
2023년 하늘이 좋았던 늦가을의 어느 날 간월재

로 대기 순번을 다툴 정도로 이 이야기 릴레이는 꽃을 피웠고,
이야기가 끝날 때마다 많은 박수가 쏟아졌다. 특히 이야기한 팀

리더를 만드는 말, 어서 와! 고마워!

이나 부서 이름을 모두 함께 큰 소리로 연호하는 열렬한 격려에 분위기는 점점 더 고조되어 갔다.

여느 산행과 달랐던 건, 대부분 직원의 이야기 속에는 자신의 업적이나 공헌보다는 어려울 때 동료들로부터 도움을 받아서 해낸 사례를 들으며 상대에 대한 고마움을 표현하는 것이 주된 내용이었다는 점이다. 모두가 어려운 상황에서도 서로 이해하고 도움을 준 이야기들은 진한 감동이 되어 우리 모두의 눈가를 적시기도 하였다.

그날의 산행은 서열에 따라서 주입되거나 전달되는 형식적인 단합의 자리가 아닌, 모두가 수평적으로 하나가 될 수 있었던 진정한 단합의 자리로 필자에겐 두고두고 회상될 감동의 순간으로 '이젠 됐구나!' 하는 생각마저 들게 하였다.

검은 오리들이
쏘아 올린 꿈

부문 조직이 품은 꿈이 전사의 비전으로 되다

이제 해양공사도 수주하고 미래를 위한 신재생에너지도 시작되어서 직원들의 사기가 오르고 미래에 대한 의욕이 넘치는 것이 보였다. 더구나 우리 해양의 미래로 준비한 신재생에너지 사업은 점차 인정되어 회사 전체인 미래 먹거리로 발전해 나아가 국내 동해상에 예정된 첫 번째 부유식 해상풍력 공사의 FEED(기본설계)를 독자적으로 수행하는 것에 이어 해외로부터도 많은 참여 요청을 받게 되었다. 또한, 부유식 해상풍력으로 생산되는 전기를 육상으로 송전하는 설비인 해상변전소의 기본설계도 수주하여 직접 수행하는 성과가 이어졌다.

이러한 성장을 통해서 신재생에너지 사업은 해양사업의 미래 먹거리에서 조선의 미래를 대체할 수 있는 신사업 중 하나로서 인식되었고, 부문에서 이제는 전사적인 미래 사업으로 주목받

리더를 만드는 말, 어서 와! 고마워!

게 되었다. 사업 추진을 위한 전담 수행조직을 만들고 외부 전문기관의 컨설팅을 받는 등 구체적인 수행계획이 추진되었다.

문제 해결을 위해 새로운 조직 구성안을 마련하다

그중 당면한 문제는 설비를 작업해야 할 제작장이 신규로 수주한 해양공사와 조선업 장기 호황으로 선박 건조 물량들로 가득 찬 것이었다. 기존의 조선·해양 물량을 처리하는 데도 제작장이 부족한 상황에서 추가로 어디에서 신사업 설비를 제작하고 조립할 수 있느냐는 것이다. 당장은 조선·해양의 물량 처리가 급선무이나 경험을 축적해 기술력을 선점해야 시장경쟁력을 확보할 수 있으므로 어떻게든 방안을 마련해야 했다.

이 문제를 해결하기 위해서 필자는 부문 내에서 해결책을 마련해야 했고, 결국 국내는 물론 국외의 모든 가능한 제작장을 유연하게 활용하는 방안을 찾게 되었다. 어떤 사업이든 호황과 불황은 주기를 가지고 반복된다. 그렇기에 자체적인 제작 방안에 더해 물량이 넘치는 호황의 시절에는 국내외의 모든 제작장을 활용하는 방식의 유연한 사업 체계를 구성하는 것이다.

따라서 신사업의 추진 조직으로, 설계와 공사 관리를 합한

EPM(Engineering & Project Management) 조직으로 조직하는 방안을 마련하였다. 해당 조직에서 설계와 기자재 구매 그리고 제작장 관리를 포함한 공사 관리를 함께하는 것이다. 즉, 설계를 수행하고 기자재를 구매하여 국내외 어디든 가용한 제작장에 공급하고, 제작장도 자체 관리하여 공사를 수행하는 조직으로, 조선과 해양의 제작을 주로 하는 조선소에는 생소한 조직의 구성이었다.

해양사업의 밝은 미래를 위해

필자의 제안으로 구성된 EPM 조직은 필연적으로 기존 조직을 개편해야 했기에, 적지 않은 오해와 저항을 초래하기도 했다. 하지만 우여곡절 끝에 새로운 조직에 대한 필요성을 인정받게 되고 2024년 해양사업의 조직이 EPM 부문으로 새롭게 탄생하게 되었다. 이는 해양사업이 미래 독립적인 사업으로 되살아날 수 있는 단초(端初)가 되었다.

새롭게 구성된 해양의 EPM 부문이 자리 잡는 것까지 보고 싶었던 필자에게 2023년 12월 퇴임은 다소 아쉬움으로 남지만, 해양사업의 존폐 위기에서 수행 공사를 완료하고 새로운 공사 수

리더를 만드는 말, 어서 와! 고마워!

주는 물론 신사업과 비전을 창조했던 해양의 직원들에게 안정된 조직의 토대를 주고 나왔다는 자부심은 있었다.

그렇게 필자는 2023년 12월 32년의 직장 생활에 마침표를 찍었다. 비록 필자는 남은 여정을 함께하지 못하지만, 해양사업의 자존심으로 모든 역경을 견뎌 내며 밝은 미래를 위해 끊임없이 도전하는 후배들에게 응원의 메시지를 이 책에 담아서 성공의 그 날까지 함께하고자 한다.

당신의 리더십은
지금부터 시작이다

이 책을 꼼꼼히 읽은 독자는 혹여 이렇게 되뇔지도 모르겠다. 이론과 실천은 엄연히 다른 것이라고 말이다. 맞다. 이론은 명쾌하지만 현실은 복잡하며, 여기에 사람 관계의 특성이 혼재되면 문제의 본질은 더욱 흐려진다. 더구나 책에 기술된 모든 리더의 자격을 갖추는 것이 보통 어려운 일이 아니다.

그러나 모든 변화는 작은 깨달음에서 시작하는 경우가 많다. 작은 실천 하나, 행동의 변화가 연쇄적으로 만드는 긍정적인 사건의 흐름을 경험하고 나면, 세상의 모든 변화는 목적의식적인 실천에 의한 것임을 믿게 될 것이다. 부디 아침의 기분과 부정적인 감정, 경험과 관성이 당신 마음의 눈을 흐리지 않도록 하라.

필자가 권하는 리더십의 원리는 결국 사람의 귀함과 조직된 사람의 힘에 대한 깨달음에서 나온 것이다. 조직의 구성원을 나를 돕는 귀한 존재로 바라보는 것, 그들의 기여에 진심으로 감사한 마음을 가지는 것, 그리하여 나의 역할 또한 그들을 도와 성장시키는 사람으로 각성하는 것, 이러한 쌍방향의 신뢰가 협동의 힘을 키운다는 것, 직원의 능력과 열망을 다면적으로 볼 수 있는 맑은 눈을 가지는 것 등이 모두 사람에 대한 원리에서 나온 것이다.

조직에서 모든 구성원을 따뜻하게 맞이하고, 그들의 기여에 진심으로 감사하는 리더가 되기를 바란다. 구성원의 참여와 정보를 소중히 여길 때, 우리는 진정한 의미의 협력과 성장을 경험하게 될 것이다.

참된 리더십은 목적지에 도달하기 위한 인위적인 수단이 아니다. 매일의 선택과 행동으로 인해 일과 삶, 그리고 관계가 빛나는 여정이다. 여러분의 리더십이 스스로와 주변 사람들에게 긍정적인 변화를 가져오기를 바란다. 이제, 여러분의 이야기를 써 내려가 보라. 당신의 리더십은 바로 지금부터 시작이다.

이 책이 세상에 나오기까지 많은 분들의 도움과 격려가 있었다. 그분들께 깊은 감사의 마음을 전한다. 무엇보다도 이 책은 언제나 웃는 얼굴로 나를 바라봐 주는 아내의 섬세한 내조가 없었다면 결코 나올 수 없었을 것이다. 퇴직 후에도 곁에서 끝없이 응원하며 용기를 준 아내에게 고마움을 전한다.

그리고 원고의 편집 과정에서 귀중한 조언과 지원을 아끼지 않으신 도서출판 책과나무의 모든 분께 감사드립니다. 당신들의 통찰력과 세심한 피드백 덕분에 이 책이 한층 더 나아질 수 있었습니다. 또한, 언제나 곁에서 응원해 주고 힘이 되어 준 필자의 두 아이를 포함한 가족과 친구, 동료 등 모든 지인분에게 감사의 마음을 전합니다. 여러분의 사랑과 격려가 큰 힘이 되었습니다.

이 책을 읽어 주신 모든 독자께 깊은 감사의 인사를 드립니다. 여러분의 관심과 성원이 저에게 큰 힘이 됩니다. 이 책이 여러분의 리더십 여정에 작은 도움이 되기를 진심으로 바랍니다. 감사합니다.